KB156725

마스크가
말해주는 것들

마스크가 말해주는 것들
— 코로나19와 일상의 사회학

추지현 엮음 | 공성식·김미선·김재형·김정환·박해남·백영경·오하나·유현미·장진범·추지현 지음

2020년 8월 7일 초판 1쇄 발행
2022년 4월 15일 초판 7쇄 발행

펴낸이 한철희 | 펴낸곳 돌베개 | 등록 1979년 8월 25일 제406-2003-000018호
주소 (10881) 경기도 파주시 회동길 77-20 (문발동)
전화 (031) 955-5020 | 팩스 (031) 955-5050
홈페이지 www.dolbegae.co.kr | 전자우편 book@dolbegae.co.kr
블로그 blog.naver.com/imdol79 | 트위터 @dolbegae79 | 페이스북 /dolbegae

주간 송승호 | 편집 김혜영
표지디자인 민진기 | 본문디자인 민진기·이연경
마케팅 심찬식·고운성·한광재 | 제작·관리 윤국중·이수민·한누리 | 인쇄·제본 영신사

ISBN 978-89-7199-516-7 (03300)
책값은 뒤표지에 있습니다.

이 도서의 국립중앙도서관 출판예정도서목록(CIP)은 서지정보유통지원시스템 홈페이지
(http://seoji.nl.go.kr)와 국가자료공동목록시스템(http://www.nl.go.kr/kolisnet)에
서 이용하실 수 있습니다.(CIP제어번호: CIP2020030418)

마스크가
말해주는 것들

코로나19와 일상의 사회학

추지현 엮음
공성식·김미선·김재형·김정환·박해남·
백영경·오하나·유현미·장진범·추지현 지음

돌베
개

서문

코로나19와 '우리'의 일상

며칠 전, 편의점에 들렀다가 할머니와 함께 온 아이를 보았다. 지갑을 찾는지 계산대 앞에서 허둥대며 가방을 뒤적이는 할머니에게 아이가 물었다. "할머니, 왜 그래? 코로나 때문이야?" 이 장면을 지켜보면서 어느 20대 청년의 이야기가 머리를 스쳤다. 그는 기억도 나지 않는 어린 시절부터 무슨 의미인지도 모른 채 "IMF 때문이야"라는 말을 듣고 살았다고 했다. 그에게 IMF는 엄마와 아빠가 자신에게 장난감을 사주지 못해 미안하도록 만든 이유, 어묵 배달과 식당 설거지에 지친 부모가 서로에게 짜증을 내도록 만든 원인, 살아남기 위해서는 안정된 직장과 학력이 필요하다는 잔소리의 근거로 각인되었고, 이후 그의 삶에 큰 영향을 미쳤다. 그렇다면 편의점에서 만난 이 아이는 20년 후 '코로나'를 어떤 방식으로 기억하며 살고 있을까?

이것은 코로나19의 대유행을 경험하고 있는 지금 여기 우리의 모습에 대한 질문이기도 하다. '코로나19'라는 바이러스의 이름에 익숙해질 무렵, '포스트 코로나 시대'니 '뉴노멀'이니 하는 시대 진단이 이어졌다. 마치 코로나19

의 상황이 다양한 차이에도 불구하고 사람들을 하나의 행위양식과 지향으로 이끌고 있는 듯이 말이다. 코로나19가 전례 없는 새로운 경험을 가져온 것은 사실이다. 하지만 구체적으로 무엇이 전염병의 대유행 전후를 구획하게 될지는 잘 모르겠다. 한국은 코로나19에 성공적으로 대응한 사례로 일컬어지지만, 어떻게 이처럼 많은 사람이 정부의 사회적 거리두기라는 요청에 부응하게 됐는지, 무엇이 이렇듯 신속한 정부의 대응을 가능하게 했는지, 그 과정에서 각자는 어떤 방식으로 일상을 무릅썼는지 우리는 아직 알지 못한다.

바이러스와 함께 살아가고 있는 사람들의 경험과 언어는 현재 상황을 특정한 방식으로 이해하고 기억하는 데, 나아가 변화의 방향을 설정하는 데 영향을 미친다. 그러나 어떤 이들의 목소리나 경험은 '포스트 코로나' 혹은 '뉴노멀'을 진단할 때 기록되거나 기억되지도, 고려되지도 않는다. 특히 선제적 대응을 펼쳤다고 자부하는 한국의 많은 전문가들은 코로나19 이후 미래 경제 질서를 구축하기 위한 전략 제안에 집중했다. 필요한 논의일지언정 그 이야기들에서는 신종 바이러스가 왜 반복해 출현하고 있는지, 그간 사람들이 살아온 방식과 바이러스는 어떤 관련이 있고 무엇이 변화되어야 하는 것인지에 대한 이야기가 누락된 듯했다. 위기 상황을 삶의 방식을 돌아볼 계기로 삼기보다 새로운 성장 동력의 '기회'로만 이해하는 모습은 꽤 익숙해 보인다.

과연 젠더, 노동, 돌봄이나 안전, 친밀성, 민주주의에 대한 감각 등 우리의 일상을 구성해왔던 것들은 팬데믹을 통해 가시화된 문제에 그칠 뿐, '뉴노멀'이나 '포스트 코로나'라는 진단과는 무관한 것일까? 이 책은 현재의 위기 진단에 상정되는 '우리'가 과연 누구인지, 다시 말해 '뉴노멀'은 누구의 언어인지 질문할 필요가 있다는 문제의식에서 출발했다. 이것이 다양한 분야의 사회학 연구자와 활동가 열 명을 한데 모으는 계기가 되었다. 필자들은 문화, 의료, 젠더, 정치, 노동, 종교 등 다양한 영역에서 연구와 활동을 하고 있다. 이들 중에는 아픈 가족과 함께 살거나 아이를 키우며 학업을 이어가고 있는 이가 있는가 하면, 돌봄이나 가사노동은 물론 감염의 위험으로부터 상대적으로 자유롭게 일상을 이어가고 있는 이들도 있다. 이런 서로 다른 위치에서 각자가 코로나19를 어떤 방식으로 경험했는지 코로나19가 일상에 일으킨 변화를 사회학적 에세이 형식으로 기록해보기로 했다. 글을 쓰면서 우리 역시 '뉴노멀'이라는 명명을 통해 새로운 질서를 구축하려는 이들의 속도에 빨려가듯 급한 진단과 선언에 이끌리기도 했고, 우리의 경험이 갖는 부분적인 한계와 부족함을 느끼기도 했다. 필자들의 글쓰기 이후에 사람들이 다양한 삶의 이야기를 쏟아내며 우리의 부족함을 채워주기 시작한 것은 다행이었다.

많은 사람들이 이제는 일상으로 돌아가고 싶다며, 거리두기와 격리된 생활, 마스크에 대한 답답함을 호소하고 있다. 그렇다고 마스크 없이 살던 그 시절이 과연 좋은 날들이었던가? 그러니까 마스크만 벗으면 되는 것인가? 마스크를 쓰는 일로 상징되는 코로나19의 영향 속에서 사람들은 어떻게 살았고, 무엇을 보고 느꼈는가? 이것이 이 책 제목을 '마스크가 말해주는 것들'로 붙인 이유다. 이 책은 코로나19가 제기하는 문제들을 우리의 일상을 통해 좇아가고자 했다. 종교와 다단계, 엄마 노릇에 이끌려 살아가고 있던 이들의 불안과 고됨, 감염의 위험을 무릅쓴 이들의 노동조건, 이를 묵인한 채 한국 의료시스템의 선진성을 자부하고 성장의 원동력으로 삼고자 하는 욕구, 안전을 개인의 권리이자 국가의 책무로 받아들이되 누군가가 배제되는 것은 감수해도 좋다는 반(反)민주주의적 감각, 타인의 동선에 대한 호기심과 동선 공개에 대한 성별화된 상상 등을 따라 간다.

코로나19로 우리가 겪고 있는 일들은 지금껏 살아왔던 삶의 방식과 무관하지 않되, 이것이 어떤 방향으로 변화하고 무엇이 더욱 힘을 얻게 될지는 현재 진행형이다. 그렇다면 지금 필요한 것은 더 많은 일상 이야기를 통해 변화의 방향을 만들어나가는 것이 아닐까? 우리는 '우리'를 알지 못한다. 그러므로 누군가의 경험을 배제한 채 이 위기 상황을 특정한 방식으로 진단하고 변화시키려 하는 지식, 일상이 지워진 경제시스템 중심 담론의 한계를 살펴야 한다. 이것이 필자들이 공유한 가장 중요한 문제의식이다. 우리는 현재의 위기 상황에 관해 명쾌한 진단과 대안을 제시할 능력은 없지만, 그런 무능함과 무지함에 대한 솔직한 인정이 다양한 사람들의 이야기가 시작될 수 있는 계기가 되기를 조심스레 기대한다. 이러한 경험과 목소리를 통해 그간의 정치 역시 변화할 수 있다고 믿는다. 경제발전과 대의를 앞세우며 여하한 문제들을 '사적인 것', 개인 갈등의 문제로 치부하거나 온정적 지원의 대상으로 축소해온 정치 말이다. 사람들의 일상으로부터 불평등과 부정의를 이해하는 작업은 코로나19가 증폭시킨 과제인 셈이다.

코로나19 관련 논의들이 넘쳐나는 가운데 어쭙잖은 소음을 얹지 않았는지 하는 우려도 들지만, 이 책이 더 다양한 목소리들을 불러내는 마중물이기를 바란다. 제각각인 필자들의 목소리를 하나로 엮어 현재를 기록하고 새롭게 만드는 계기를 마련해준 돌베개출판사에 감사의 말을 전한다.

2020년 7월
엮은이 추지현

차례

1 비대면

시공간에 대한 상이한 감각 　　　　　　추지현

코로나 바이러스가 내게 던진 과제는 새로운 테크놀로지와 이에 맞춘 규준을 습득하는 것이 아니라 속도와 공간에 대한 획일화된 감각을 새롭게 하는 방법에 관한 것이다. 엎어진 김에 쉬다 간다는 식으로 일상을 잠시 멈추고 마음의 여유를 갖자는 것이 아니라, 여하한 노동을 자기 관리의 일부이자 역량의 문제로 환원하며 택배기사의 빠른 배송과 상대방의 회신을 독촉하고 있는 모습을 돌아보는 것이다.

위기 대응의 '노멀'

2020년 1월에 코로나19의 첫 확진자가 발생하고 어느덧 4개월이 흘렀다. 나는 차량으로 이동하고 독립된 근무 공간을 사용할 수 있었으니 약국 앞에 줄을 서지 않고도 마스크는 충분했다. 손톱 밑까지 30초 이상 씻으라는 화장실 스티커 앞에서는 주변을 힐끔거리며 시늉을 했다. 행여 동선이 공개되면 어떤 비난이 이어질지 상상하고 수다를 떨며 친구들과 식당을 찾았다. 떨어진 휘발유 가격이 내심 반가웠고, 월급은 어김없이 입금되고 있다. 내가 경험한 일상의 변화란 온라인 강의와 회의를 준비하고 인터넷 쇼핑몰에서 물건을 주문하는 것처럼 상대적으로 큰 어려움이 없는 '언택트'(Untact)에 국한된 셈이다.

그럭저럭 나의 일상이 지속되는 동안 한국에서만 수백 명이 죽었다. 감염의 두려움으로부터 자유로웠던 나와 달리, 그 두려움에도 불구하고 일터에 나가야만 하는 이들, 일자리를 뺏기고 생계조차 힘들어진 이들, 직장에서의 경력 구축을 포기한 채 휴직을 신청하고 아이를 돌봐야 하는 이들, 어린 시절부터 자신을 학대하던 아버지나 늘 일상을 감시하던 남편과 더 오랜 시간 집에 함께 있어야 하는 상황에 힘들어하는 이들이 있었다. 늘어난 인터넷 주문과 배달, 상담 요청에 택배기사가 과로사하고, 콜센터에서는 대규모 감염이 일어났다. 강제 연차나 무급휴가, 임금 삭감 등을 강요받거나 어쩔 수 없이 재택근무를 해야 하는 노동자들이 있었으며, 택시 및 대리운전, 일용직 노동, 육아 및 가사도우미 등 일감을 잃은 이들 역시 사회적 거리두기에 대한 요청으로 삶의 조건이 불안정해졌다. 애당초 고시원, 쪽방촌 등 재택이 방역을 담보하지 못하는 곳에 사는 이들이 있는가 하면, 개발이 중단되어 살던 집을 당장 떠나지 않아도 되는 이들, 그 와중에도 지속된 강제집행에 시위조차 하지 못하게 된 이들이 한 세상에 공존한다.

이와 같이 코로나19의 다기한 영향, 몸들이 위치한 공간의 차이를 목도하고 있는 만큼 그간 우리의 일상을 지배해온 '노멀'(Normal)이 무엇이었는지 더욱 낯설게 느껴진다. 그런데 세상이 코로나19 전과 후로 구획될 것이라는 이야기들은 사람들의 일상과 감각의 변화가 꽤나 명확하다고 진단하는 듯하다. 한편에서는 코로나19의 경험을 통해 경쟁과 성장으로 모든 것이 해결된다는 착각 속에 살아온 지난날을 반성해야 한다고 말한다. 동시에 자본주의 경제체제의 지속 가능성을 위해 팬데믹의 경제 효과를 예측하며

추지현

'뉴노멀'(New Normal)로 미래 산업을 구상하기에 바쁘다. 또한 일국 수준을 넘어선 연대가 필요하니 국적, 인종, 민족 등을 이유로 한 차별과 혐오를 멈추라 말한다. 한국인의 위기 대응과 기술 개발의 역량을 자부하는 것도 주저하지 않으면서 말이다. 이런 모순된 모습들은 코로나19의 대유행 상태가 사람들에게 도대체 어떠한 경험 '들'이었는지를 더욱 궁금하게 만든다.

매번의 인간적 위기를 경험할 때마다 이러한 질문은 제쳐두고 현실에 적응할 방안을 모색하며 '뉴노멀'을 이야기해온 것이야말로 가장 분명한 '노멀'인 것 같다. 물론 위기 상황에서 즉각적 대응은 중요해진다. 원인을 파악한다고 해법이 모두 마련되는 것도 아니니 인간 활동을 억제해 감염률을 낮추는 데 우선 집중했다. 정작 이 바이러스 유전체가 어떻게 등장 가능했는지를 이야기하는 것은 위기 대응과 미래 혁신의 발목을 잡는 배부른 일로 여기면서 말이다. 사람들은 코로나 바이러스가 중국 우한에서 등장했다는 것은 알지만 왜 하필 그 지역이 문제가 될 수 있었는지는 묻지 않은 채 박쥐와 중국인을 탓하고 있다. 물론 다른 한편에서는 진득한 학자들이 사스, 메르스, 코로나와 같은 새로운 바이러스 등장의 원인을 분석하며 지금까지 지속되어온 삶의 방식에 대해 경고해왔다. 신종 바이러스는 공업화된 방식의 식량 생산과 축산업, 개간을 통한 산림 파괴, 이 과정을 독점하는 다국적 기업의 수익 추구가 야생 동물의 서식지 변화, 야생 동물들과 가축과 사람 사이의 접촉 기회 증가, 가축들의 취약성 강화를 추동하면서 확산된 것이라는 설명이었다.[1] 코로나 바이러스가 인간을 숙주로 삼기 시작한 것은 생산성 증대를 위한 자본주의의 성장 방식과 무관하지 않다는 말이다.

코로나19의 확산과 함께 호텔, 항공사, 카페, 동물원 등이 문을 닫으면서 수천 리터의 우유가 버려지고 사육되던 동물들은 다른 동물의 먹이로 도살될 위기에 처하기도 했다. 유람선이 멈춘 강에 사라졌던 백조가 나타나고, 이동금지령으로 인적이 드물어진 도심에 사슴과 얼룩말, 조랑말이 출몰했다. 하지만 이러한 사실은 코로나19의 영향을 보여주는 하나의 에피소드로만 읽히는 것 같다. 그간 인간이 대량 생산과 관람을 위해 동물을 사육하고 그들의 서식지를 점령하면서 살아왔다는 것, 이러한 상품화 과정이 또한 돈이 없어 우유를 사 먹지 못하고 동물원에 가보지 못하는 아이들을 만들어왔다는 것과 무관한 듯 말이다. 즉, 새로운 정치와 경제 질서의 재편이 필요하다는 깨달음은 커진 듯 보이지만 거기에는 정작 수많은 생물종과 땅, 그리고 차이가 보이지 않는다. 초국적 협력과 연대를 요청하되 누구와 어떤 연대를 통해 무엇을 할 것인지에 대한 논의는 '인도주의적' 보건과 의료 협력, 감염률을 낮추는 것 이상으로

추지현

확장되지 못하고 있다. '뉴노멀'이 도대체 누구의 무엇을 위한 언어로 사용되고 있는지 묻게 되는 이유다.

이미 오랜, 돌봄이라는 '노멀'

사람들이 이야기하고 있는 '뉴노멀'의 중심에는 드라이브 스루, 인터넷 쇼핑, 화상회의와 재택근무 등 '언택트'가 있다. 사회적 거리두기, 정확히는 몸의 물리적 접촉을 최소화하라는 요청과 함께 새로운 경험들이 시작됐다. 학생들의 재택 학습, 장애인 및 노약자 등을 위한 재택 봉사, 문화생활에 대한 욕구를 충족시키되 방역에 동참하는 자세를 보여주는 재택 연주, 재택 파티, 재택 노래방 등 비대면의 실천은 곧 재택을 통한 개별화된 실천으로 이해되기도 했다. 살아오던 방식을 애써 변경하지 않더라도 충분히 '재택'을 수행할 수 있는 이들이 있었다. 어떤 이들은 재택 상황에서 노래와 놀이를 즐길 수 있게 해주는 유튜브, 게임 상품과 기기, 넷플릭스 등을 통해 새로운 환경에 그럭저럭 적응하기 시작했다. 세계 최대 규모라는 포르노 허브 사이트의 접속 트래픽도 급증했다. 마스크와 장갑을 착용하고 위생 가운을 입은 상태에서 여성에 대한 섹스 역량을 보여주는 영상이 '코로나 바이러스'라는 카테고리로 자리하기도 했다.[2]

그러나 '재택'은 쉽지 않은 과업이기도 했다. 만개한 꽃을 갈아엎고 공원 출입을 제한해야 할 정도로 산책과 상춘의 욕구는 컸다. 이렇게도 학교를 좋아했던가 싶게 아이들은 등교를 기다렸고 줄어든 활동량에 살이 찌거나 밥을 먹지 않기 시작했다. 학생들은 대학의 온라인 수업이 그 질을 담보하지 못하는 상황에 문제를 제기했다. 그리고 강의실에서 서로 나눈 말과 표정, 숨소리, 쉬는 시간의 푸념과 수다가 동영상을 통해 전달되는 정보 이상의 것을 주었다는 것을 깨닫기도 했다. 하지만 이러한 일상적 관계의 소중함에 대한 깨달음이나 그 관계 안에 존재했던 '노멀'에 대한 재평가는 코로나 이후 재편될 새로운 경제 질서에서 생산 동력이 될 수 없다고 여겨지는 듯 '뉴노멀'로 상정되지도 않는다. 왜 미래 정책을 구상하는 이들은 그간의 '노멀'을 이해하고 성찰하기보다 '뉴노멀'을 새로이 발굴하고 그것에 경제적 가치를 부여하기에 급급한 것일까? 어떠한 가치들이 여전히 평가절하되고 '노멀'로 이야기되지 않고 있는 것일까?

'언택트'를 '뉴노멀'로 이야기하고 있지만 방역이 강화된 상황에서 의료진, 병원의 청소 노동자, 환자의 이송 업무를 담당하는 노동자, 요양 시설의 간병인, 어린이집 보육교사나 학교의 돌봄 전담사 등에게 비대면 노동은 불가능한 것이었다. 위기 상황에서도 누군가는 해야 하는 일이라는 것은 인간의 생존에 필수적이라는 의미다. 우리는 방역을 위해 기꺼이 나선 이들을 '영웅'이라 칭하며 감동하지만

추지현

그 영웅에 자원봉사자와 의사, 간호사는 있을지언정 누군가의 똥오줌을 받아내는 간병인, 청소 노동자, 가사노동을 수행하고 있는 이들은 없다. 보다 정확히 말하자면 이들의 돌봄노동을 미덕이라 칭송하되 보상을 주지는 않는다. 이는 코로나19가 초래한 상황이 돌봄의 가치를 느끼게 해주었을지언정 그 가치를 재평가하는 일로 나아가지는 못했음을 의미한다.

물론 노동자의 안전과 권리를 보장해야 한다는 문제의식, 인력 활용과 비용 부담으로 이를 간과하거나 육아휴직 사용에 난색을 표하는 사업주들에 대한 비난은 이전보다 커진 듯하다. 유치원, 초중고등학교의 개학 연기, 어린이집 휴원이 초래한 상황은 '돌봄 재난'이라 진단될 만큼 심각하게 고려되기 시작했고, 돌봄을 위한 제도, 예컨대 재택근무나 유급휴가도 제한적이나마 확대되었다. 하지만 이때 돌봄은 가족 구성원들 간의 역할 조정을 통해 완수되어야 할 과업으로 상정된다. 누군가를 돌보는 일에 여성이 더욱 적합하다는 생각이 여전한 상황에서 여성들의 부담은 더욱 커졌고 '가족' 범주로 상상되지 못하는 다양한 형태의 거주 공동체 구성원들이 서로를 돌보고 있는 상황은 간과되었다. 돌봄과 노동이 양립할 수 있어야 한다는 말이 보여주듯 돌봄을 공식 경제에 직접 기여하는 임금노동과 구별 짓고 그 보완물로서만 이해하는 관점도 여전하다.

이와 같은 방식으로 경제적 가치를 따지며 돌봄을 상상할 때, 우리는 돌봄의 구체적 실천이나 보편성을 포착하지 못한다. 돌봄은 인간의 모든 활동과 관계의 근저에 놓여 있는 원리이다. 많은 페미니스트들이 돌봄에 주목해온 것은, 여성들이 주로 부담하고 있는 돌봄노동이 공식 경제가 인정하는 노동과 동등한 시장 가치를 부여받아야 한다고 주장하는 것이 아니었다. 취약성과 유한함을 가진 유기체로서의 몸인 한, 누구나 다른 누군가에게 의존할 수밖에 없고 이미 그러하다는 사실을 말하기 위해서였다. 가정, 어린이집, 병원, 요양소에 아이, 부모, 나를 맡긴다 한들, 이들 돌봄자는 물론 그들의 아이, 파트너, 부모 역시 누군가의 돌봄을 받을 수 있어야 한다. 그래야 그들이 나를 돌볼 수 있다. 당장은 배달 음식을 시켜 먹어 어려움이 없다 해도 요리와 배달은 누가 해줄 것이며 내가 아프고 늙었을 때 누가 나를 돌봐줄 것인가? 택배기사, 콜센터 직원, 요양사, 보육사, 엄마의 안녕한 삶을 돌볼 때 우리도 물품과 서비스를 받고 돌봄을 받을 수 있다. 누구나 필요를 충족시키기 위해 돌봄을 필요로 하고, 돌봄자의 안녕과 건강 역시 누군가는 돌봐야 한다는 페미니스트들의 문제의식은 시민 모두를 돌봄에 대한 상호 책임과 의무를 지는 주체로 만들려는 기획으로 이어졌다. 이것이 페미니스트 정치학자들, 예컨대 낸시 프레이저(Nancy Fraser)가 '보편적 돌봄 제공자 모델'을,

추지현

조안 트론토(Joan Tronto)가 민주주의 실천으로서 '함께 돌봄'(caring with)을 제안한 이유다. [3]

그럼에도 불구하고 많은 사람들은, 엄마의 가사노동과 싼값의 요양사 돌봄을 너무나 당연하게 여기고 그만큼 정당한 보상을 지급하려 들지 않는다. 나무와 공기에 의존하고 있지만 그 가치를 저평가하고 더 많은 닭과 돼지고기를 소비하기 위해 그들의 서식지를 식민화하는 것처럼 말이다. 낸시 폴브레(Nancy Folbre)는 돌봄을 돈의 보상 문제로 다루는 것을 넘어 돌봄자가 그 관계로부터 얻는 가치, 정체성과 애정, 지식 등 관계의 산물에 대해 재사유할 것을 요청한 바 있다. 폴브레는 이러한 돌봄으로 인한 불이익이 커지면 결국 사람들이 돌보는 일을 그만둘 것이라 경고하기도 했다. [4] 생존이 돌봄을 통해 비로소 도달 가능한 목표가 아니라 당연히 주어진 사실이라 여기는 것이야말로 지금 우리가 살아온 세상의 '노멀'이 아니었던가? 비대면 산업과 소비를 둘러싼 '뉴노멀'에 대한 논의들은 이러한 깨달음을 활성화하고 있는 것일까?

공간과 재난의 젠더 주류화

생존이 상호 의존과 돌봄을 통해 비로소 가능하다는 문제의식은 근대를 장악해온 오랜 논리, 즉 인간이 자연을, 이성이 몸을, 서구가 비서구를, 남성이 여성을 지배와 착취의 대상으로 삼으며 발전과 독점, 이윤을 만들어온 방식에 대한 비판으로 이어진 지 오래다. 남성이 여성을 지배하는 과정과 끊임없는 자본 축적을 위해 인간이 자연을 식민화하는 과정은 그저 유사한 것이 아니라 서로를 통해 비로소 실현된다. 인구를 늘리기 위해 생식과 의료 기술로 여성들의 몸을 착취하고, 땅을 정복하고 소유하려는 전쟁이 여성을 강간의 대상으로 삼으며, 산림 벌채와 수자원 감소가 여성의 노동을 가중시키고 건강을 해치는 것처럼 말이다. 이러한 상황들을 경험하면서 많은 페미니스트들은 근대성의 패러다임 자체가 가부장적이며 반자연적·식민주의적이라는 사실을 일찍이 깨달았다. 그래서 자연의 흐름과 속도에 협력하는 것, 무보수 노동이나 자급 경제와 같이 인간의 기본 욕구를 충족시키고 생존을 확보하는 일을 평가절하하는 것이 곧 여성을 평가절하하는 기제였다는 사실도 알게 되었다. 에코페미니스트인 반다나 시바(Vandana Shiva)는 자본 성장의 원천은 자연적인 성장 주기를 파괴하기 위해 재생의 터전인 자연과 여성의 몸을 식민화하는 과정이라 지적하기도 했다.[5] 이러한 자본주의 가부장제라는 관점에서 보면 코로나19는 그에 대한 관심 등락과 함께 뉴스 헤드라인을 번갈아 탔던 텔레그램을 통한 성착취와 전혀 별개의 사안이라 보기 힘들다. 끝없는 경쟁과 성장, 지배와 이윤을 지향하는 현재 체제는 내부 식민지, 대표적으로 여성, 자연, 이방인에 대한 착취를 필요로 하고 그 지배와 소유의 욕망이 발현된 것이라는 점에서 다르지 않다.

코로나19로 인한 이동제한령이 시행된 후 독일, 영국과 미국, 중국, 북아일랜드 등에서는 가정폭력이 증가했다는 보도가 이어졌다. 이러한 사례들은 특히 '언택트'가 간과하는, 공간의 젠더화된 모습을 보여준다.[6] 재택 요구는 집 밖이 위험하다는 메시지를 보내고 있지만 많은 여성들에게 이미 집은 가장 위험한 공간 중 하나였다. UN의 페미사이드 보고서가 보여주듯 여성 대다수는 남편과 연인, 동거인 등에 의해 살해당한다. 그런데 사람들은 재택으로 인한 사회적 활동의 위축이 스트레스나 가족 구성원들 간의 접촉 기회를 증가시켜 폭력 위험을 높인 것으로 이해한다. 말레이시아 정부가 코로나19로 인한 봉쇄기간 동안 남편에게 잔소리를 하지 말라고, 화장을 하거나 남편의 화에 유머러스하게 응대하라고 여성에게 권고한 것처럼 말이다.[7]

코로나19는 물론 미국, 호주, 스리랑카, 필리핀, 태국 등지에서 발생한 쓰나미, 홍수, 지진, 화산 폭발 등의 재난은 늘 여성에 대한 성적 폭력과 학대를 증가시켰다. 가족 부양에 대한 책임이나 그 지위를 통해 남성다움을 인지해온 많은 남성들에게 일상의 단절은 지위 불안을 야기했고 훼손된 지위를 재확인하는 과정에서 여성에 대한 폭력이 이어졌다. 하지만 지역사회의 지원은 재난의 직접적인 피해라 여겨지는 소득 및 의료, 경제 영역에 집중되었다. 남성 생계부양자를 중심으로 보상금이 지급되고 그 지출의 의사 결정 과정에서 여성이 배제되고 있다는 사실은 간과되기 일쑤였다. 자녀의 건강과 교육 등에 초래된 어려움을 엄마 노릇이 소홀한 탓으로 돌리는 폭력과 학대도 증가했다. 소득을 증빙하기 힘든 불안정 노동에 집중된 여성들의 빈곤이 심화되자 더 많은 여성들이 성매매와 강제 조혼 등 성착취의 대상이 되기도 했다. 재난 상황에서 지원활동에 나선 공무원과 자원활동가 등에 의한 성적 피해도 증가했다.[8] 격리된 생활로 생겨난 스트레스와 대면 접촉 기회 증가가 여성에 대한 폭력을 증가시키는 핵심 요인이 아니라는 말이다. 재난과 재해가 권력 위계와 불평등을 통해 상이한 효과를 가져오는 것은 젠더 역시 예외가 아니다.[9] 한국은 해외에서 보고되는 것과 같이 가정폭력 피해 신고 급증은 없었다지만 우리는 애당초 신고를 쉽사리 기대하기 힘든 이들이 처한 상황을, 성판매 여성이나 이주 여성, 가출 청소녀들이 어떻게 살아가고 있는지 알지 못한다. 공간의 차이를 초월하는 것을 가치로 삼는 '언택트'는 이를 묻지 않는다.

'재택'은 사적이라 간주되는 주거 공간, 가정을 전제로 한 개념이다. 공간은 몸과 이 몸들이 관계하는 구조를 통해 구성된다.[10] '집사람', '안사람'이 곧 주부라는 여성의 역할을 암시하고, 공중화장실과 늦은 시간의 골목길이 여성에

추지현

게는 접근이 제한되는 것처럼 말이다. 집 안에서도 부엌, 안방, 거실이라는 공간의 점유 방식에는 젠더가 담지되어 있다. 또한 마찬가지의 가사노동이라 할지라도 남성은 쓰레기 버리기, 운전, 가족과 함께하는 집 밖 외출에, 여성은 식사, 학교 및 학원 상담, 학부모들 간의 정보 교환 등 집 안 혹은 그곳에서 병행 가능한 활동에 집중한다. 재택 요구가 여성, 특히 자녀가 있는 여성들에게 시간 조정의 압력을 훨씬 크게 초래할 수밖에 없는 이유다.

지난 4월 11일, 정부는 자가격리 위반자에 대해 전자손목밴드를 착용토록 하는 '자가격리 이탈자 관리 강화 방안'을 발표했다. 격리 명령 위반시 본인의 동의를 거쳐 안심밴드를 착용토록 한다는 구상이다. 위치추적 전자장치를 부착한 범죄자의 재택 일상을 살펴본 미국의 한 연구에 따르면, 남성들은 주로 재택에 따른 지루함, 야외 여가활동을 하고 싶은 욕구와 불만을 토로했다. 이에 반해 여성들은 아이의 등하교나 야외 활동을 지원해주지 못하게 된 데 죄책감을 호소했다. 많은 여성들에게 전자장치 부착은 남성과 달리 육아나 가사노동을 경감시키는 방식으로 작동하지 않았으며, 싱글맘과 빈곤 여성같이 이웃이나 가족의 지원 없이 홀로 돌봄을 수행해야 하는 여성들에게는 더 큰 부담이 되었다.[11]

이러한 사실은 취약성의 사회적 기반이나 여성의 필

요와 위험을 고려하지 않으면 젠더 불평등이 심화될 수 있다는 것을 의미한다. 재난 관리에서 '젠더 주류화'(gender mainstreaming) 전략, 즉 젠더와 무관하다고 여겨지는 현상들까지 젠더 관점을 통해 분석하고 개입하려는 전략이 필요한 이유다. 4월 15일 현재 질병관리본부가 발표한 자가격리자는 5만 9천여 명이다. 자가격리를 위반한 이들에 대한 제재 강화 목소리가 압도하는 상황에서, 적지만 자가격리 대상자들의 불안, 우울, 울분 등에 대한 이야기가 조금씩 나오고 있다. 이들에게 꽃과 음식을 배달하고 나선 마음 좋은 사람들도 있다. 하지만 여기에 여성들의 이야기는 없다. '신천지'가 이슈화된 시기, 언론사가 집계하여 보도한 자료 이외에는 어디서도 자가격리자와 확진자의 성별 통계조차 찾지 못했다. 젠더에 무감각한 한국의 현실이다.

그림자 노동과 질주의 정치

집은 물론 여하한 공간의 경계를 넘나들 기술의 개발과 산업 육성이 정부의 '한국판 뉴딜', 기업들의 '혁신' 방향으로 구체화되고 있다. 원격의료와 온라인 교육서비스 산업을 확대하자는 이야기, 비로소 스마트워크 시대를 맞이하게 되었으니 성과와 직무 중심으로 임금체계를 정비해야 한다는 이야기가 그러하다. 성차별적 포르노를 제공하는 디지털 플랫폼 역시 포스트 코로나 시대의 혁신 산업으로 거론

추지현

되기도 한다.[12] 이러한 양상은 '언택트'라는 말이 사용되기 시작한 소비의 영역에서 더욱 두드러진다.

돈이라도 있는 집에서는 아이와 놀아주기에 지쳐 닌텐도 게임기를 구입하고, 넷플릭스 같은 온라인 동영상 서비스로 영화를 본다. 화상회의와 강의를 지원하는 플랫폼 광고 메일이 쏟아지고, 빠른 배송을 자랑하는 배달 앱 접속을 통한 소비도 증가했다. 사람들은 이러한 변화에 어떻게 적응했기에 '뉴노멀'이라는 평가가 등장한 것일까? 가사를 도맡아 하는 여성들은 온라인 쇼핑 시간이 늘었다. 가족을 위해 언제 무엇을 구매할지 리스트를 만들고 온라인 쇼핑몰에서 주문을 하고 주문을 독촉하고 반품을 하는 작업은 압도적으로 여성의 몫이다.[13] 숙련도가 높아진 이들에게 스마트폰을 이용한 쇼핑은 자녀의 숙제를 지도하거나 식사거리를 결정하는 것에 비해 손쉬운 일이지만 모두가 여기에 익숙한 것도 아니다. 주문하려면 어떤 앱을 어떻게 설치하고 무엇을 눌러 어떠한 정보를 읽어야 할지 어려움을 겪는 이주자와 노인들은 주변에 물품 구매 대행을 요청하고 있다.

재택근무나 비대면 일상이 불가능하거나 힘겨운 이들도 많았다. 온라인 커뮤니티에서는 재택근무라는 것이 도대체 어떤 경험인지를 묻고 답하는 이들도 늘었다. 한편에서는 화장을 안 해도 되고 교통비와 점심값이 들지 않고, 출퇴근 시간의 지옥 같은 지하철을 타지 않아도 되니 좋지 않은지를 묻고, 다른 한편에서는 시도 때도 없이 하달되는 업무 카톡과 보고 요구에 지쳐가고 있음을 호소하며 화상회의도 민낯으로 할 수 없다는 답글들이 이어졌다. 화상회의나 수강에 참여할 공간이 마땅치 않은 이들은 가뜩이나 물리적 거리두기로 좌석이 줄어든 카페를 찾아 헤맸다. 동거인의 노크, 문 열기, 청소는 물론 '음란물'의 카톡 전송 등 일상이 실시간 화상 이미지를 통해 공개되기도 했다. 사람들은 자신의 '구질구질한' 일상이 노출되는 것을 차단하기 위해 카메라 방향을 바꾸고 집을 정리하고 프로그램 배경화면 설정을 이용하며 적응해갔다. 개인 거주지가 특정될 수 있는 정보는 물론 얼굴 이미지조차 성착취물로 가공·합성돼 유포될지 모른다는 두려움에 여성들은 화면에 노출되는 얼굴의 면적을 조정하거나 마스크를 쓰고 참여하기도 했다. 대학 시간강사들은 카메라와 마이크가 없어서, 노트북이 이런 장치들을 인식하지 못하는 오래된 사양이라서, 디지털 교육 플랫폼조차 제공되지 않아서 제품을 찾고 사용법을 터득할 시간이 필요했고 이들끼리 밤늦은 시간 서로를 초대하며 시연을 하기도 했다. 온라인 쇼핑이 폭증하니 콜센터와 택배기사의 업무는 과도해지고 감염과 사망으로 이어지는 상황이 등장했다. 재택이 강요된 콜센터 직원들은 작업 능률을 위해 집에 안정적으로 공유되는 와이파이를 설치해야 했고, 감염에 대한 불안이 가중된 상황에서

　　　　　　　　　　　　　　　　　　　　　　추지현

도 기사들은 이들 혹은 자가격리된 이들의 집을 찾아 인터넷망을 설치해야 했다. 이전에는 굳이 회의로 이어지지 않던 상황들이 실시간 화상회의로 이어지고 시차를 무시한 해외와의 화상회의로 피로감을 호소하는 이들도 생겨났다. 이메일과 단체 채팅방 역시 상대방의 상황을 고려하지 않고 발화자의 의사를 전달하는 장문과 즉답을 요청하는 텍스트로 넘쳐났다.

비대면의 소비와 노동이 시대 변화로 진단되는 만큼 여기에 필요한 환경 설정을 해내는 능력은 직업, 노동, 직무를 수행하기 위해 개인이 갖춰야 할 기본 자질로 여겨지고, 이 과정에 능숙치 않은 것은 무능함이 되었다. 그리고 이러한 상황들에 점차 익숙해지면서 '뉴노멀'이 비로소 노멀이 되었다.

그렇다면 인터넷망과 장치를 구비하고 자신 혹은 타인의 온라인 강의나 회의 준비를 위해 앱과 코덱, 소리의 전달 상황을 점검하며 호환 프로그램을 다운로드해 설치하는 일, 일정 조율을 위해 의견 수렴 링크를 만들어 정리하며 깍듯한 메일 작성에 수십 분을 할애하는 일의 성격을 우리는 어떻게 보아야 할까? 1981년 철학자 이반 일리치(Ivan Illich)는 사회적 자급자족이 아니라 공식 경제에 기여하는 노동, 즉 임금노동은 아니지만 바로 그 노동의 전제조건이 되는 무임금노동을 '그림자 노동'이라 개념화한 바 있다.[14]

가사노동이 대표적이다. 이 그림자 노동에 들어가는 시간, 노고, 수고에 대해서는 대가가 지급되지 않는다. 그러니 화상회의를 위해 누군가가 시간을 할애하며 세팅을 했다는 사실, 그 노동에 의존해 시간을 효율적으로 사용하고 있다는 사실은 인지하지 못한다. 비대면의 소비와 노동을 촉진시키는 디지털 기술의 확장을 미래 혁신의 방향으로 삼는 논의들 속에서는 이러한 노동이 보이지 않는다. 실시간이라는 새로운 패러다임, 원격 상황에서 함께 공존한다는 존재 방식에 대한 상상에서는 송신자와 수신자라는 두 위치만 고려될 뿐이다.

원치는 않지만 거부할 수 없는 사회적 관계들, 예컨대 직장과 노동 현장에서의 위계나 '뉴노멀' 시대라는 진단 같은 것들은 바로 이 그림자 노동을 강요한다. 아니, 보다 정확히 이야기하자면 이러한 노동은 노동자, 강사, 학생의 위치에서 응당히 기대되는 역할, 즉 지위에 따른 무보수의 자기규율, 나아가 자신의 필요를 충족시키기 위한 자발적이고 적극적인 행위로 간주되기 시작했다. 매장에서 키오스크 주문을 하거나, 셀프 주유소와 카페의 무인 계산대를 활용하는 것은 내가 직접 행한다는 만족감을 주지만 그것이 누군가의 이익을 창출하는 데 기여하는 노동이라 생각하지 않는 것도 마찬가지다.

이러한 상황이 우려스러운 것은 그저 디지털 매체를

활용한 교육·노동·소비에 접근할 수 있는 개인의 역량과 자원이 다르기 때문이 아니다. 문제가 그러하다면 쉽진 않을지언정 프로그램과 장치를 나눠주고 접근방법을 지원해주는 것이 해결책이 될 수 있다. 중요한 것은 이러한 '뉴노멀'이 몸이 위치한 시공간의 차이에 대한 감각을 재활성화하는 것이 아니라 그 반대라는 점이다. 그림자 노동이 그저 개인의 역량으로 간주되는 만큼, 그 참여에 소요되는 시간을 최소화하고 빠른 적응을 해내는 것이 필요해지고, 스스로 이러한 속도에 익숙해져가는 만큼 상대 역시 준비되어 있기를 기대한다.

시도 때도 없이 참여가 강제되는 화상회의가 부당하다고 이야기하는 이들조차도 자신이 인터넷으로 주문한 식품이 빨리 도착하지 않는다며 배송추적 과정을 검색하고 콜센터에 전화를 건다. 사업주들은 배송기사들의 밤낮이 바뀐 노동과 속도전을 독려하면서 그 시간을 최소화하는 데열을 올린다. 소비자는 신선한 물품이 새벽 배송되는 것에 감사하기보다 늦은 배송을 탓한다. 라이더를 죽음으로 몰고 간 것은 그저 악덕 기업에 국한된 것이 아니라 자신의 생활 감각과 속도에 맞춰주길 원하는 사람들의 욕구이기도 하다.

이미 이러한 속도에 익숙한 이들은 시공간의 차이에 대한 감각을 상실했다. 실시간 송수신이라는 상황이 자신의 시간과 욕구, 그 속도를 일차적인 고려 사항으로 만든 만큼, 자신의 속도와 타인의 속도가 다를 수 있다는 것, 즉 수신자의 상황에 대한 상상력은 약화되고 있다. 이 과정에서 교환되고 제공되는 정보는 소비의 대상일 땐 편의가 되지만, 원치 않는 정보들이라면 피로감을 준다. 하지만 이를 좇아가는 것이 개인의 역량이 되고 친절하게도 아침 뉴스는 밤새 SNS에서 오고 간 내용을 정리해 알려준다. 한 신문기사 제목처럼 "아침엔 마켓 컬리, 점심엔 배달의 민족, 쫓기는 사람처럼 카카오톡 보면서, 방안을 가득 메운 아기의 울음소리, 거북목 늘어뜨린 직딩들, 디스 이즈 더 재택 라이프!"인 상황이다.

철학자 폴 비릴리오(Paul Virilio)는 이와 같이 실시간이라는 새로운 패러다임과 원격으로 현전한다는 새로운 존재방식의 등장에 대하여 "공간적 외재성을 망각"하는 질주의 정치라 비판한다.[15] 바로 이 질주를 통해 인류는 성장을 꾀하고 인간의 가치를 확인해왔다. 동물보다 빠른 자동차, 비행기, 탱크와 같은 기계를 만들며 속도를 선점하고, 이를 통해 서구는 동양을, 인간은 자연을 지배할 수 있었다. 더 많은 생명을 생태계에서 축출하면서도 경제성장은 지속되었고 그 폐해는 코로나 바이러스와 같이 부메랑이 되어 돌아왔다. 하지만 디지털 기술을 매개로 가속화되고 있는 질주와 성과, 성장에 대한 욕망, 그 사이에서 비가시화되는 몸들에 관심을 갖는 이들은 거스를 수 없는 '뉴노멀'에 딴죽을 거는 한가한 금욕주의자나 기술 공포증을 가진 사람으로 치부되기 시작했다.

시공간의 차이를 활성화한다는 것

코로나 바이러스가 내게 던진 과제는 새로운 테크놀로지와 이에 맞춘 규준을 습득하는 것이 아니라 속도와 공간에 대한 획일화된 감각을 새롭게 하는 방법에 관한 것이다. 엎어진 김에 쉬다 간다는 식으로 일상을 잠시 멈추고 마음의 여유를 갖자는 것이 아니라, 여하한 노동을 자기 관리의 일부이자 역량의 문제로 환원하며 택배기사의 빠른 배송과 상대방의 회신을 독촉하고 있는 모습을 돌아보는 것이다. 퇴근 후 21시가 되어서야 다음 날까지 아이가 해 가야 할 숙제가 무엇인지를 확인하려고 교사에게 문자를 보내야 하는 엄마, 변화한 상황과 정보를 안내하기 위해 학부모의 출근 시간 이전에 문자를 보내야 하는 교사가 있다. 누가 갑이고 을인지를 구획하는 대신, 시공간에 대한 상이한 감각들을 만들어내고 있는 힘이 무엇인지, 모두가 지쳐가는 이 상황이 타당한지를 물어야 할 때다.

아이를 위해 엄마는 인터넷 쇼핑몰에서 더 신선한 식자재를 찾아 주문하고, 사람들의 집안 내 음식 조리가 늘어나면서 더 많은 육류가 소비되고 있다. 상품 배송 상황을 추적하며 '새로 고침' 메뉴를 수없이 누르는 만큼 택배기사들은 지쳐간다. 이러한 모습들을 우유가 생산되고 닭과 돼지가 사육되는 공장의 위치와 작업장의 노동상황, 속도전에 열 올리며 우리 스스로 앱 주문을 하도록 이끄는 유통망과 연결하여 포착하는 것이 사람들을 분할해 지배하는 권력의 작동방식과 효과를 이해할 수 있게 해주는 기초적인 방법이다. 하지만 정보와 물품의 전달과 배송이 빨라지면 빨라질수록 우리는 그러한 연결과 과정에 대해서는 생각하지 않는다. 지금은 그 대신, 위기에 대응해온 한국인의 저력을 읊조리고 있다. 코로나19로 인한 사람들의 고통은 이해하지만 이는 심리적 방역으로 대처할 일이며, 나아가 '코로나 블루'에 힘들어하지 않도록 온라인 게시판을 설치하고 챗봇이 상담을 하면 혁신이 된다고 믿는 세상이다. 초연결 관계망의 한시적 중단, '사회적 셧다운'을 요청하는 이들은 성별화된 노동에 자신이 의존하고 있다는 사실과 돌봄의 가치를 이야기하지는 않았다. KTX와 SRT가 달리고 대중교통이 쉴 새 없이 바이러스를 퍼 나른다고 걱정하지만, 이곳 노동자들의 삶에, 철도를 내는 과정에서 파괴된 환경과 지역 주민들의 삶에, 그 속도에 빨려가듯 일해야 하는 사람들에게 관심을 기울인 적도 없다. 정보사회학자 마뉴엘 카스텔(Manuel Castel)은 인간 상호작용이 이뤄지는 공간의 경계를 넘나드는 기술과 그 흐름이 인간 경험의 전 영역에

추지현

침투하는 것은 아니라 지적한 바 있다. 네트워크로 연결된 흐름이 오히려 개인이 위치한 장소를 비가시화하고 또한 공유하기 어려운 것으로 만들고 있다고 경고했다.[16] 이것이 그저 네트워크를 활용하는 것 자체가 혁신이 될 수는 없는 이유다.

코로나 바이러스가 왜 등장하게 되었는지를 잊은 채 우리는 다시 경제 활성화를 위한 속도전에 뛰어들고 있다. 네트워크를 그저 정보와 산업의 기반이자 수단으로만 이해하고, 인간과 자연, 그것들의 연결망으로 보지 못하며, 서로가 서로의 안녕에, 누군가의 돌봄에 의존하고 있다는 사실은 잊은 채 말이다. 물론 우리는 디지털 네트워크를 통해 노동 착취를 고발하는 국민청원을 하고, 코로나19로 타격을 입은 농가를 돕는 착한 소비를 하며, 거동이 어려운 이들에게 음식과 생필품을 전달하는 데 참여하는 선의를 보이기도 한다. 디지털 기술을 기반으로 한 비대면 산업 확장을 가능하게 할 전기 생산도 지금의 강수량과 수자원으로는 어느 정도 지속 가능하다. 하지만 이러한 선의와 자연의 도움이 언제까지일지는 아무도 모른다.

'노멀'은 이미 도덕이나 가치 판단의 규범(norm)과 같이 사람들의 행위를 하나로 끌어모으는 구심적인 것이 아니게 된 지 오래다. 가치 판단을 경유하지 않고 비정상적인 것(the abnormal)은 회피된다. '대세'가 곧 '노멀'이고 이에 따르는 것이 규범이 된 상황에서 사람들은 유사한 사람들의 공동체 안에 숨으려고 하고 그에 맞춰 공공장소를 살균하려 든다. 여기에 다양성을 증진시키려는 정치, 이를 위해 가시화되어야 하는 몸들은 설 자리가 없다. 서로의 차이를 살피고 연결 지어 이해해보려는 대신, 개인의 안전과 예방의 욕구를 만족시키는 것이 우선되고 있다.[17] 생태 환경이 던지는 질문을 통해 인간과 자연은 물론 인간들 사이의 다양한 관계 역시 재조직해야 한다는 것을 받아들일 때에 이르렀다. 인간의 자연 지배에 대한 성찰이, 인간 종 내부의 식민지를 만드는 폭력과 착취, 속도전에 대한 성찰로 이어져온 것처럼 말이다. 그렇다면 지금 필요한 전문가는 코로나 바이러스와 그 역학에 정통한 이들뿐만 아니라 속도의 질주를 제어하며 인간, 사물, 자연의 관계를 재조직할 방안을 제시할 수 있는 이들이어야지 않을까. 재빠른 '뉴노멀' 선언이 넘쳐나지만, 이러한 이야기들은 잘 들리지 않는다. 정보의 속도전이 가속화되니 다른 사람들, 다른 경험들을 돌아볼 새가 없이 모두가 '대세'에 끌려가고 또한 그것을 만들고 있는 것은 아닐까. 이것이 서로 다른 우리의 일상으로부터 이야기를 시작해보려는 이유다.

주

1 L. Humber, "What Makes a Disease Go Viral," *Socialist Review*(455), 2020; R. Wallace, "Coronavirus: Agribusiness Would Risk Millions of Deaths," *Marx21*, 2020; 마이크 데이비스 외, 『코로나19, 자본주의의 모순이 낳은 재난』, 장호종 엮음, 책갈피, 2020.

2 Justin J. Lehmiller, "How the Pandemic Is Changing Pornography," *Pshchology Today*, Mar. 23. 2020.

3 N. Fraser, 1994, "After the Family Wage: Gender Equity and the Welfare State," *political Theory* 22(4), 1994, pp. 591~618; 조안 트론토, 『돌봄 민주주의』, 김희강·나상원 옮김, 아포리아, 2014.

4 낸시 폴브레, 『보이지 않는 가슴: 돌봄 경제학』, 윤자영 옮김, 또하나의문화, 2007.

5 마리아 미스·반다나 시바, 『에코페미니즘』, 손덕수·이난아 옮김, 창비, 2000.

6 「'코로나19' 이동제한령 내리자 가정폭력 늘었다…」, 『여성신문』, 2020. 4. 4; "How the Coronavirus Lockdown Is Fueling Domestic Violence," *DW News*, Apr. 6. 2020.

7 「말레이시아 여성부, "코로나 봉쇄기간, 남편에게 잔소리 하지 말라"」, 『연합뉴스』, 2020. 4. 1.

8 P. Jenkins & B. Phillips, "Battered Women, Catastrophe and the Context of Safety After Hurricane Katrina," *National Women's Studies Association Journal* 20(3), 2008, pp. 49~68, doi: 10.1353/nwsa.0.0047 10.1353/nwsa.0.0047;S. Fisher, "Violence Against Women and Natural Disasters: Findings From Post-Tsunami Sri Lanka," *Violence*

Against Women 16(8), 2010, pp. 902~918.

9   E. Enarson, "Gender and Natural Disasters: Working Paper1," *Geneva: ILO Recovery and Reconstruction Department*, 2000.

10 T. Paul, "Space, Gender, and Fear of Crime: Some Explorations from Kolkara," *Gender, Technology and Development* 15(3), 2011, pp. 411~435.

11 M. R. Maidment, "Toward a 'Woman centered' Approach to Community-Based Corrections: A Gendered Analysis of Electronic Monitoring in Eastern Canada," *Women and Criminal Justice* 13, 2002.

12 Joshua B. Grubbs, "I Research Por: Here's Why Its Helping Us Cope with the Anxiety of Covid-19," *Fast Company*, Apr. 11. 2020.

13 김영란 외, 「가사노동시간 측정 및 행동평가 기준의 젠더불평등성 개선방안」, 한국여성정책연구원, 2018.

14 이반 일리치, 『그림자 노동』, 노승영 옮김, 사월의책, 2015.

15 폴 비릴리오, 『속도와 정치: 공간의 정치학에서 시간의 정치학으로』, 이재원 옮김, 그린비, 2004.

16 M. Castell, *The Rise of the Network Society*, Wiley-Blackwell, 2009.

17 T. Pitch, "Prevention, Politics, Law," *Pervasive Prevention: A Feminist Reading of the Rise of the Security Society*, Ashgate Publishing, 2010.

추지현

2 동선 공개

‘K-방역’과 두려움의 역설 유현미

지금과 같은 재난 자본주의 시스템이 변하지 않는 한, 바이러스는 완전히 사라지지 않을 것이다. 바이러스를 겪은 사람들도 사라지지 않는다. 두려움도 사라지지 않는다. 두려움을 제거하는 것이 아니라, 이 불투명한 두려움으로 무엇을 할 것인지를 시민으로서 다시 묻고 대답할 때이다.

보이는 것과 보이지 않는 것

2월 초의 어느 날, 학교에 나온 박사과정 동료들과 식사를 마치고 수다를 떨고 있었다. 누군가가 코로나19 국내 확진자의 동선 공개 에피소드를 전해줬다. 동행인과 방문 장소가 구체적으로 드러나, 사람들이 불륜으로 의심하고 비난하고 있다는 이야기였다. 동선 정보가 그렇게까지 세세하게 드러난다는 것도, 여기에 사람들의 관심이 지대하다는 것도 그 자리에서 처음 알았다. 그때까지만 해도 나는 코로나19에 별 관심이 없었다. 국내 감염이 시작됐지만 향후 추세가 심각하지 않을 거라 예상했고, 감염 공포가 중국인에 대한 혐오나 의심으로 비화되는 현상들을 보면서 호들갑 떨어 좋을 것 없다는 생각이었다. 그러나 무엇보다도 나는 걸릴 일이 없고, 걸려도 큰 문제없을 거라는 자신감이 코로나19에 거리두기를 가능하게 했다. 장애나 건강상의 문제가 없는 청년(?)이니까, 돌봄 부담이 없는 비혼 1인 가구니까, 집-연구실-집-연구실로 (농담처럼 말했듯 자가격리와 다름없는) 단조로운 생활을 보내고 있는 대학원생이니까, 누군가에게 옮거나 옮길 일도, 심하게 앓거나 죽을 일도 없다고 생각했다. 그런데 코로나19에 걸리면 저런 식으로 공개가 된다고 하니 아픈 것보다 동선 공개가 더 싫다는 마음이 들었다.

타인의 동선 정보를 안전 안내 문자로 받고, 정부·지자체 홈페이지, 관련 정보 공유 앱으로 확인한다. 코로나19가 바꾼 일상의 풍경이다. 특히 재난 안전경보가 '경계'에서 '심각'으로 격상되고 국내 확진자 수가 절정에 달했던 2월 말부터, 거주지와 근처 구청들의 알림 문자가 쏟아졌다. 어떤 날에는 알림이 열 번 넘게 울려서 차단하는 방법을 인터넷에 검색해보고, 성가시다며 주변에 하소연한 적이 있다. 누군가는 공감하고, 누군가는 모두에게 도달할 필요가 있는 중요한 정보이기에 어쩔 수 없다고 말했다.

백신과 치료제가 없는 신종 감염병에는 '완화와 억제 전략', 즉 확산 속도를 늦추는 '곡선 평탄화'(flattening the curve) 전략이 취해진다고 한다. 전략은 도시 봉쇄부터 시설 격리까지 다양한 조치로 수행되는데, 한국은 초기 대규모 진단검사와 확진자·접촉자 추적 기술을 활용한 감염(우려)자 선별·치료[1]에 집중해서 성과를 낸 것으로 알려져 있다. 확진자 동선은 그와 접촉한 이들의 자발적 보고·검사·격리를 유도하고, 시민들의 '물리적 거리두기'[2] 실천을 촉진하기 위한 핵심적인 정보라 이야기되었다. 그러므로 적극적으로 찾아보지 않아도 감염 위험을 알리고 대비하기 위해 동선 정보는 모두에게 알려져야 한다는 것이다.

코로나19 사태에서 동선 공개는 전염병의 상호적 외부 효과(부지불식간 감염되거나 감염시킬 수 있다)를 경감시키는 수단으로 마스크와 함께 보편적인 경험이 되었다. 바이러스는 눈에 보이지 않지만 동선은 보이기에, 그 가시성이 신종 감염병에 대한 불안을 덮어줄 수 있을 것이라 기대되었다. 확진자 동선은 공동체를 지키기 위한 사회적 방어막으로 의미화되었다. 사회적 불안을 조장하는 과잉·과장·허위 정보에 맞선 정확하고 신속한 정보 공개로, 민주적 방역의 특성인 위기 상황시 대국민 의사소통에서의 '투명성'을 실행하는 것이라고 강조되었다. 그래서 행정당국에 대한 신뢰, 시민 간 연대 확보에 핵심 요소로도 꼽혔다. 그러나 과연 우리는 동선 공개로 서로를 더 믿고 성숙한 대응력을 기를 수 있었는가? 동선 공개로 투명하게 드러난 것은 무엇이고 오히려 불투명해진 지점은 무엇이었는가?

확진자 신상 공개가 된 동선 공개

질문의 계기가 된 경험들로 이야기를 시작해보자. 2월 23일, 동네 식당에서 점심을 먹고 나왔는데 분위기가 어수선했다. 옆 건물 부동산 가게가 소독을 하고 있었다. 타 지역 확진자가 들른 곳임을 알게 된 것은 대학원생 단체채팅방에서 구청장 페이스북을 공유해주면서였다. 몇 시간 전 이미 구청장 개인 SNS에 동선 정보가 공지되었고, 친숙한 지명과 상호가 눈에 띄었다. 근처 헬스센터도, 초밥집도 얼마간 휴점을 했다는 소식이 들렸다. 대학 연구실과 기숙사에도 확진자와 접촉자가 발생해 얼마간 폐쇄를 한다는 알림이 오기도 했다. 동선 정보가 익숙한 생활공간과 결합해 입체화되자 내 일상에도 바이러스가 침투했다는 감각이 느껴졌다. 그건 N번째 확진자 공지글에 누군가 단 댓글처럼 몸을 "죄여오는" 불안감, 비판적 거리두기가 쉽지 않은 촉각적 체험이었다. 불안은 동선 정보로 구체적으로 감각되고 증폭됐지, 줄어들지 않았다. 내 문제가 아니라는 오만한 거리두기는 불가능해졌다.

그로부터 며칠 뒤, 언니 직장 동료가 확진 판정을 받아 직장이 일시 폐쇄되고, 언니도 검사를 받고 자가격리에 들어갔다는 소식이 전해졌다. 형부 회사에까지 소식이 알려져 확진 여부에 따른 긴급대책이 마련되었다. 집에 보건소 직원이 찾아와 구호물품과 위생키트를 두고 갔고, 여러 곳에서 전화가 걸려와 언니는 정신이 없다고 말했다. 확진자 증가 그래프의 기울기가 가장 가팔랐던 때였다. 무증상 감염, 공기 감염 가능성으로 무차별적 확산에 대한 사람들의 두려움이 절정에 달해 있었다. 언니 동료의 소식은 언론에 속보로 여러 차례 보도되었다. 직장 소재 구청과 거주지 소

유현미

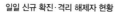

일일 신규 확진·격리 해제자 현황

바로 이 시기

━ 확진 ━ 격리해제

출처: 질병관리본부, 〈코로나바이러스감염증-19 국내 발생 현황(5월 10일 0시)〉 보도자료.

재 구청은 바로 동선을 공개했다. 구청 홈페이지와 SNS에는 사람들의 댓글이 수십 수백 개가 올라왔고, 지역 맘카페나 다른 온라인 커뮤니티로 동선 정보가 바이럴 마케팅처럼 빠르게 퍼져나갔다. 이 사건으로 언니 동료가 사람들의 반응에 무척 힘들어했다는 이야기를 들었고, N번째 현황으로만 기록될 수 없는 경험의 결이 궁금했다.

잠깐 만나 이야기를 나눠보고 싶다는 내 요청에 언니나 동료분은 부담스러워했다. 신상이 특정될까 염려했고, 복기하고 싶지 않을 정도로 좋지 않은 경험이었다고 했다. 근무에 자녀 양육까지 병행하느라 바쁜 것도 큰 이유였다. 사건 후 한 달이 훌쩍 지나고, 확진자 수가 10명 안팎으로 유지돼 방역이 안정화된 것으로 평가받던 4월 중순이었다. 3월부터 본격적 확산과 사회 붕괴에 시달린 다른 나라들과 비교해 'K-방역'의 우수성이 칭송되고 있었다. 그 상찬에 가려 우리가 3월까지 겪었던 혼란과 모순의 과정은 잘 보이지 않았다. 결과만 좋으면 상관없다는 것인가. 확진자 감소라는 물리적 방역의 결과만이 결과인 것일까. 언니 동료가 겪은 어려움이 그런 의문을 제기하는 차원에서 기록될 필요가 있다고 설득했다.

마스크를 쓰고 마주앉자마자, 언니 동료인 은수 선생님(가명)의 휴대폰이 울렸다. 자녀의 긴급돌봄 기관에서 학원 보내는 스케줄이 헛갈려서 확인하는 전화였다. 코로나19 때문에 중단됐던 학원 등원 첫날인데, 긴급돌봄이 급하게 편성되다 보니 비체계적이고 담당자도 "급하게 고용된 분들"이라 생긴 엇박자를 "엄마가 알아서 챙겨야" 되는 상황이었다. 돌봄을 제도가 지원해준다 해도, 실행의 틈바구니를 조정하는 일은 결국 엄마 몫이었다. 여러 차례 전화가 왔고, 은수 선생님은 내 질문에 제대로 답변을 못할까 걱정했다. 맞벌이 유자녀 여성의 입장에서 코로나19가 안긴 혼란은 첨예하게 현재 진행형임을 목격할 수 있었다. 그들에게 일상이란 이미 늘 시간 부족과 시간 압박에 시달리며 동시행동을 수행[3]할 수밖에 없는 비상사태(emergency)였던 테다. 맞벌이 유자녀 여성의 삶의 질이나 만족도가 낮고, 심리적 압박이나 신체화된 증상에 많이 시달린다는 조사 결과들도 떠올랐다. 글 쓴답시고 갑자기 인터뷰를 요청하고 글 쓸 시간을 확보할 수 있는 나의 위치가 특권일 수 있겠구

유현미

나 새삼 느꼈다.

은수 선생님에게 다른 방역 조치가 때론 힘들고 과하게 느껴져도 효과가 있었던 부분이 많았다면, 동선 공개는 당하고 보니 그 "의미를 잘 모르겠는 일"이었다. 이런 평가가 일선에서 헌신한 이들과 모두의 노력을 깎아내리지 않을까 걱정이 되면서도, 자신이 겪은 일은 부조리했고 "사람 하나 바보 만드는 일"이었다. 그래서 "병보다 무서운 게 사람"임을 깨닫게 했다.

사람들은 온라인에서 자신의 "동선을 추리게임 하듯 갖고 놀았"다. 담당기관에서 공지할 필요가 없다고 판단한 동선에 대해서도 "일분일초를 알고 싶어하며" "몇 분이 빈다. 이 사람 왜 거짓말을 하냐"고 반응했다. 심지어 자신이 방문한 곳이 특정 종교와 관련된 곳은 아닌지 의심하는 반응들도 있었다. 들른 식당이 공개되자 "거기 맛있냐", 거주 아파트명이 공개되자 부동산 전망 이야기까지 나온다. 오프라인에서도 자신이 누구인지 소문이 나서 아파트 엘리베이터에서 대뜸 처음 본 사람이 "당신 때문에 내가 자가 격리됐다"고 화를 낸다. 아파트단지 내에 있는 자녀의 학교에 들르자 자신을 알아보는 사람이 있다. 자녀가 다니는 학원에서는 다른 학부모들의 폭주하는 문의를 감당하지 못해 입원 중인 자신에게 학원 원장이 불만을 토로하는 전화를 했다고 한다.

행정당국의 "부주의함"도 어처구니없었다. 보건소나 구청에서 자가격리를 통보하거나 동선을 고지하는 과정에서 신상이 더 특정되고 잘못된 소문이 퍼질 수밖에 없었다. 여러 곳에서 반복된 질문을 하며 "나에 대해 서로 앞다투어 [윗선에] 보고하려" 하고, 동선 정보를 "빨리 자세하게 올리는 게 [지자체장과 언론의] 능력으로 보여지는" 상황은 자신이 소비되고 이용되고 있다는 감각을 주었다.

이런 일련의 반응들은 동선 공개가 "예방의 의미보다 [확진자를] 재밌거리"로 만드는 것은 아닌지 의문이 들게 했다. 자신은 일종의 피해자이거나 환자인데 범죄를 저지른 것처럼 비난받았고, 사람들의 호기심 가득 찬 "구경"거리, "오지랖"의 대상이 되었다. 그래서 은수 선생님은 동선 공개가 사회적 수치 주기(shaming)의 효과를 가진 "신상 공개"처럼 다가왔다고 표현했다. 범죄자 신상 공개도 인권 침해 여부를 섬세히 따지는데 동선 공개를 둘러싼 상황들은 너무 인권 감수성 없이 흘러간 것 아니냐고 물었다.

그런데 진보적 사회의식을 가졌다 생각한 지인까지 타인의 동선 공개 정보에 집착하는 모습을 보며 그녀는 자신의 경험이 이해받지 못하는 것 같은 실망을 느꼈다. 확진자의 동선을 함부로 평가하는 사람들에게 "거리를 두어야겠다"는 감각, 불신의 마음도 커졌다. 그녀의 입장에서 동선 공개는 신뢰와 소통, 연대의 경험이 전혀 아니었다.

유현미

바이러스보다 무서운 동선 공개

확진자 10,801명(2020년 5월 4일 기준) 중 한 명이었던 은수 선생님의 경험은 특이하다기보다 전형적인 사례이다. 감염병 통제와 인권 보호 사이의 고유한 긴장이 표현되는 한국적 맥락을 보여준다는 점에서 그러하다. 정부 개입을 통한 집합적 선(善), 인구 집단의 건강과 안전을 추구하는 공중보건은 때때로 개인의 권리와 자유를 위협하는 조치들을 취한다. 동선 공개뿐 아니라 집회 금지나 휴교·휴업, 의무 예방접종 등도 개인의 자율성을 제한하는 개입이다. 따라서 정부 개입은 명확한 효과가 있을 때 원칙과 근거를 가지고, 충분한 설명과 보상을 기반으로 최소한으로 이뤄져야 하며, 공정한 과정을 거쳐 비차별적 결과를 낳아야 한다.[4]

그렇다면 동선 공개는 감염병 통제에 얼마나 효과적인 수단일까? 동선 공개에 관한 근거법률[5]과 제도는 2015년 메르스 사태 때 만들어졌다. 메르스 사태는 그것을 기억하는 많은 사람들에게 "우왕좌왕한 대처, 안전해야 할 곳에서 드러난 위험, 무능할 뿐 아니라 무감각한 지도자, 가족과 제대로 이별도 못 한 격리 상태에서의 안타까운 죽음 같은 대목들이 실패라는 주제어를 중심으로 배치되어"[6] 있는 부정적 경험이다. 정부가 발간한 『2015년 메르스 백서(이하 백서)』도 초기 역학조사와 방역 조치에 한계가 많아 병원 내집단감염이 재발했고 온라인 괴담이 유포되었다고 평가한다. 특히 "확진환자 발생·경유 의료기관명 공개와 같이 국민이 궁금해하는 사항에 대해 적시에 대응을 하지 못해 국민의 불신은 높아져갔으며, (…) 메르스 관련 정보의 신속하고 투명한 공개"가 핵심 쟁점으로 떠올랐다고 서술한다. 정부 대응은 '메르스 비밀주의'로 비판받았고, 사람들은 감염자 발생 의료기관과 지역 현황을 취합해 온라인에 공유하는 'MERS Map: 메르스 확산 지도'나 '메르스 상황판'을 만들어 자구책을 모색하기도 했다.

이런 측면에서 빠르고 확실한 정보 공개·공유가 감염병 통제에 파괴적인 정서를 막는 '사회 심리 방역'[7]의 핵심이라는 인식이 대세가 되어갔다. 동선 정보뿐 아니라 전반적 환자 정보 관리와 격리·검역에 관한 법제도가 빠르게 제·개정되었고, 정보 수집에서 핸드폰 위치 확인 기능, 의약품안전사용서비스(DUR), CCTV 분석 등 디지털 기술 활용도 이미 시도되었다.

그러나 『백서』는 지역사회 내 전파 차단을 위한 환자 정보 공개와 격리 조치에서 인권 침해 사례들을 언급하며, 개인의 인권이 유보될 수 있는 조치의 범위와 방식에 대한 지속적인 사회적 논의가 필요함을 적시한 바 있다. 35번째 환자와 재건축조합회 공간에 함께 있었던 1,500여 명에게 자가격리를 권고한 서울시의 조치, 중앙정부의 공식적 공개 이전 성남시의 환자 정보 공개 조치, 전북 A마을과 전

유현미

남 B마을의 마을 전체 폐쇄와 같은 조치들에서 환자와 가족 특정이 가능한 상황이 조성되어 지역사회 내 낙인 효과가 발생했다. "도시 아파트가 더 위험하지 않나요. (공평하게 하려면) 아파트 동 전체를 격리해야 하는 거잖아요. 힘 있는 사람이 있었다면 절대 (마을 폐쇄는) 일어나지 않았을 겁니다"라는 폐쇄 마을 주민의 이야기는 방역 수단의 '지역 간 서열'을 드러냈다.[8] 하지만 다른 한편으로 그 힘 있는 서울 대형병원 근무자가 감염됐을 때 환자 정보를 '의사'라 특정해 공개한 서울시 조치처럼, 상층 지위집단 구성원이라 하더라도, 감염자라는 이유로 인해 많은 비난을 받아 공평함(?)이 함께 드러난 사례도 있었다. 정부 대처가 대형병원 눈치 보기라는 합리적 의심[9]이 팽배해 있었을 때, 지자체는 정부와의 구별짓기를 시도했고, 사람들의 불안과 분노가 환자 개인에게 집중될 수 있는 역동이 형성된 것이다. 이처럼 정보 내용의 구성, 선택, 공개 방식을 결정하는 사회정치적 조건과 권력관계가 복합적으로 존재한다. 그렇기에 동선 공개는 공익 대 프라이버시라는 이분법이나 개인정보 보호 문제로만 설명될 수 없다.

더 설명하자면 이런 이야기이다. '관악구 거주 만 34세 여성. 이동 경로: 낙성대역 근처 자택─서울대 대학원연구동─지하철 2호선 강남역─AA노래방.' 이 정보는 개인에 관한 정보이면서 (방역 범위, 수단을 결정할) 역학 조사 정보이다. 이 정보가 공개됐을 때 문제가 되는 지점은 실명이 없더라도 정보를 조합해보면 어떤 이들은 저 개인을 특정할 수 있기 때문만은 아니다. 또한 저 정보가 내밀한 사생활을 다루고 있기 때문만도 아니다. 지하철을 타고 노래방에 간 것은 개인 여가 생활일 수 있지만, 대중교통시설과 다중이용시설을 사용한 (준)공공생활이기도 하다. 노래방에서 친구들과 놀았다면 사생활일 수 있지만, 연구 프로젝트 회의 후 뒤풀이로 간 거라면 사회생활이며 조직생활일 수도 있다. 공적 시선에서 보호되어야 할 사생활이란 공간이나 활동 자체로 규정된다기보다 그것이 위치한 상호작용의 맥락과 사회적 의미 부여, 의미 연관에 따라 달라진다.

'개인'정보 역시 마찬가지이다. 예를 들어 개인의 성별 정보는 성별에 따라 감염 경로, 발생률, 예후, 치료법이 상이한지를 판단하는 임상·역학 데이터로 기능할 수 있다. 그러나 AA노래방과 성별 정보가 결합하면 '노래방 도우미'를 하러 갔다고 추측되거나 나이 정보까지 결합하면 남자 도우미를 불렀냐(?)고 추론[10]되기도 하다가, 학교 정보가 결합하면 '서울대 대학원생이 공부도 안 하고 뭐하나' 혹은 '공부하다 스트레스 풀러 갔구나'가 되기도 하는 것이다. 노래방이 룸살롱, 아니 클럽 버닝썬이었다면 어떻게 되었을까? 동행인 두 명의 성별이 남자 혹은 여자로 표기되었다면 동선 공지글에는 어떤 댓글이 달렸을까? 동행인이 자

유현미

녀로 표기되었다면? 다양한 사회적 범주, 지위, 역할, 정체성이 교직된 개인정보에서 보호받아야 할 부분과 공개되어도 될 부분을 정하는 선은 명확하지 않으며, 거기에 들러붙어 있는 의미는 '사회적'이다.

이런 측면에서 개인이 특정되는 것이 왜 문제가 되는지를 생각해본다면, 특정된 개인에 대한 사회적 상상력이 그가 감염 책임에서 면책될 만한 적합한 환자인지 아닌지를 판단하는 일종의 평판 조회를 낳기 때문일 것이다. 동선 정보가 한참 문자로 올 때, 동료들과 만약 우리가 확진자가 된다면 '꼴페미가 사회적 거리두기 수칙도 안 지키고 여기저기 싸돌아 다녔구나'라는 욕을 먹거나 '집이랑 학교만 다니는 가난한 대학원생이 불쌍하구나'란 동정을 얻겠구나 예상해보는 대화를 했던 기억이 난다. 모두들 자신의 동선이 공개된다면, 어느 부분이 어떻게 조리돌림 당할지를 상상해본 경험이 있을 것이다.

메르스 사태 때, 정보 공개나 동선의 대상으로 요구된 것은 주로 병원명, (환자가 거쳐 간) 지역과 상호명이었다. 이로 인해 병원과 가게 구성원, 지역 주민들이 피해를 입기도 했고, 집단감염의 계기가 된 슈퍼감염 전파자가 특정되거나 비난받은 경우도 물론 있었다. 그러나 N번째 확진자를 주어로 해 인적 정보와 동선 정보가 결합된 방식의 정보 공개가 광범위하게 이루어진 것은 이번이 처음이다. 메르스 사태 때 이미 정보 공개의 사회적 낙인 효과나 트라우마 발생, 인권 침해 논란이 다뤄졌지만 코로나19의 국내 확산이 시작됐을 때 상기된 것은 이 지점이라기보다는 '비밀주의'의 폐해였다. 사실 질병관리본부는 국내 첫 확진자가 발생하자 메르스 때 제기된 개인정보 유출 가능성과 특정 국가 출신에 대한 혐오 발언 등을 고려해 감염 우려자의 국적을 공개하지 않기로 결정했다. 그러나 곧 거센 반발에 부딪쳐 1월 21일 국적을 공개한다.[11] 이후 동선 정보는 점점 세세해졌고, 사회적 효과나 인권에 대한 고려 없이 무차별적으로 이뤄졌다.

감염자가 중국인, 조선족, 대구 사람, 신천지 교인이었을 때 이 "부주의한" 동선 공개는 내 문제가 아니었을 것이다. 그러나 코로나19의 전국적 확산으로 동선 공개는 누구나 당할 수 있는 일이 되었다. 사람들은 확진자들이 동선 공개로 어떤 취급을 받는지 봤다. 바이러스보다 동선 공개가 무서운 세상이 왔고, 그것은 우리가 만든 것이다. 동선 공개에 대한 두려움이 사람들의 행동을 규율함으로써 감염병을 통제한 것은 아닐까?

환자 자격과 사생활의 기준

위기 경보가 '주의→경계→심각'으로 격상된 시기마다 실시된 '국민위험인식조사'에서 시간이 지날수록 '확진시 돌

유현미

아올 비난과 피해에 대한 두려움'이 높아졌다고 한다. 이 조사를 수행한 서울대 보건대학원 유명순 교수는 "전례 없는" 수준으로 진행된 예방 행동의 동력에 주관적 위험 인식이 자리 잡고 있으며, 물리적 거리두기를 지속하는 데 가장 중요한 요인은 "위반자 패널티", 즉 이런 "결사적인 실천"을 거스르는 집단을 향한 부정적인 감정이었다고 설명했다.[12] 쉽게 말해, '다들 힘들게 참고 있는데 너는 왜 못 참아서 걸렸냐'라는 의식이 스스로와 타인의 행동을 평가하고 규율하는 데 중요했다는 뜻이다.

고전사회학자 탤컷 파슨스(Talcott Parsons)는 잠시 사회적 의무를 내려놓고 치료에 집중할 수 있는 환자 역할을 인정받으려면, 발병에 개인 책임의 요소가 약하거나 없어야 한다고 분석한 바 있다. 이를 적용해본다면, 확진자[13]는 바로 환자가 될 수 없다. 동선이 공개되어 그것이 내포하는 일상의 정상성과 규범성이 인정받을 때에야 보호받을 만한 환자-시민이 된다. 그게 아니라면 바이러스 유포자·매개체(carrier)로서 투명하게 발가벗겨지는 조리돌림을 감당해야 한다. 직장에 출근하다가 걸린 것은 괜찮지만 놀러가다가 걸린 것은 잘못한 것, 일이어도 유흥업소에서 일하는 것이라면 면책받을 수 없는 것, 자녀 동반시 마스크를 착용하지 않았다면 엄마 역할을 제대로 못 했다고 비난받는 것이다. 너무 공간 이동이 많아도 문제, 어떤 공간인지도 문제다. 이처럼 동선 정보는 개인 책임 여부와 '위반자'를 가르는 기준이 되어왔다. 그리고 그 기준은 사회의 권력관계와 불평등의 선을 따라 차별적으로 적용되었고, 성소수자와 같은 사회적 소수자에게 더 위협적인 일이 된다.

3월 9일, 국가인권위원회는 상세 동선 공개가 "의심증 상자가 사생활 노출을 꺼리게 되어 자진 신고를 망설이거나 검사를 기피하도록 할 우려가 있"기에 "시간별로 방문 장소만을 공개하는 방안 등" 합리적 기준을 마련하라는 권고 성격의 성명서를 발표한다. 이를 반영해 중앙방역대책본부는 3월 14일 확진자의 세부주소 및 직장명은 공개하지 않기로 지침을 수정한다. 4월 12일에는 일정 기간(확진자가 마지막 접촉자와 접촉한 날로부터 14일 경과시)이 경과한 동선 정보는 삭제하는 규정도 만든다. 이처럼 정보 공개가 낳는 인권 문제를 성찰하고, 공개 범위와 방식을 수정하는 의미 있는 움직임들이 있었다. 그러나 동선 공개가 두려움이 되는 지점은 사생활 노출 자체가 아니다. 그보다는 무엇이 사생활이고, 어떤 사생활이 보호받을 만한 것인지, 누구의 사생활이 더 보호받을 만하거나 비난받을 만한지를 규정하는 사회적 평가와 시선이다.

예를 들어 강남구청은 사태 초기부터 "확진자가 다녀간 업소나 시설에 대해 정확한 지번이나 상호를 공개하지 않"고 직업도 추정하기 어려운 방식의 동선 공개를 채택해

유현미

왔다. 다른 지자체의 공개 방식과 비교하며 더 상세히 공개하라는 요구도 많았지만, 프라이버시 침해와 지역경제 타격을 우려하며 초기 방식을 고수했다.[14] 또한 제주 여행 중 확진 판정을 받은 거주민 가족에 대해 "선의의 피해자"라며, 구청장이 직접 옹호하는 기자회견을 열어 그들에 대한 손해배상소송을 준비하던 제주도청과 대립각을 세우기도 했다. 그러다 4월 8일 발생한 다른 확진자 알림 문자에는 '유흥업소 직원'임을 명기해 보호받을 만한 사생활의 담지자에 대한 가치 판단을 드러냈다. 확진자가 직원이 아니라 유흥업소 방문자였으면, '유흥업소 손님'이라 명기해 나갔을까? 사생활 보호란 당위를 기준으로 삼는다면 앞선 강남 구청장의 발언 텍스트는 문제없는 것일 수 있다. 하지만 같은 거주민이어도 다르게 적용되는 사생활의 기준과 개인정보 보호, 그리고 환자-피해자 역할 인정의 컨텍스트는 사람들에게 정확히 감지되어 분노를 자아냈다.

이러한 차별적 시선은 행정당국의 것만은 아니었다. 사람들은 제주 여행 확진자를 '강남구 유학생 모녀'로 지칭하며 행태를 비난했다. 전파 책임을 떠나서, 강남, 유학생, 모녀라는 각 사회적 범주에 들러붙은 편견이 비난 강도나 방식에 영향을 미쳤음을 부인할 수 없다. 모든 사회적 범주나 표식에서 항상 기득권이거나 모든 특권을 가진 사람은 없다. 그래서 동선 공개를 둘러싼 사회적 평가와 시선은 소수자들에게 더 두렵고 가혹한 것이었지만, 한편으로 누구에게나 당할 수 있다(부메랑 효과)는 불안을 증폭하는 검열의 장치로 기능했다.

투명한 것과 불투명한 것

'K-방역'이 세계적 모범으로 자리 잡으면서 감염 확산을 조기 차단하고 일상으로 돌아가야 한다는 압력이 더 커졌고, 시민을 통제하는 장치들이 다양하게 도입되고 있다. 핸드폰 GPS와 CCTV 데이터, 신용카드 사용내역, 진료·의약품 사용기록 등을 이용해 개인의 동선을 조합하고 추적하는 기술의 속도와 정교함은 코로나19를 거치며 세계 최고 수준이 되고 있다.[15] 동선 공개에 이어 자가격리자 위치와 건강상태를 상시 모니터링 하는 '자가격리자 안전보호앱'이 도입되었고, 4월 11일 격리이탈자를 감시하기 위한 신체 위치추적 장치인 소위 '안심밴드'가 제안돼, 국가인권위원회와 시민단체들의 반대에도 불구하고 4월 27일부터 시행되고 있다. 그런데 개인의 자유를 심대하게 제약하고, 범죄자 보안처분 제도(소위 전자발찌/팔찌)와 연속성을 가지는 이 안심밴드 도입에 대한 시민 대상 설문에서 열 중 여덟이 찬성표를 던졌다고 한다.[16]

한국의 적극적인 디지털 추적 기술 활용은 '빅브라더', 국가에 의한 시민 감시로 비판받아왔다. 그러나 상기 설문

유현미

결과처럼 이는 국가 권력의 일방향적 실천이라기보다는 시민의 광범위한 동의하에 이뤄지고 있다. 유교적 권위주의 사회이기에 시민들이 순종적이다, 시민을 챙겨줘야 하는 미성숙한 어린이로 보는 모성국가이기에 그렇다는 해외 언론이나 학자들의 분석이 보도되기도 했다. 이에 대해 오리엔탈리즘적인 시선이며 한국사회에 대한 구체적 이해가 결여되어 있는 거친 분석이라는 분노가 일었고, 반대로 시민 동의를 정부와 시민 간 협력, 신뢰의 성공으로 분석하며 소위 '국뽕'으로 흘러가는 진단들도 많다.

나는 두 가지 분석 모두에 거리를 둘 필요가 있다고 생각한다. 동선 공개에 대한 온오프라인의 반응을 살피면, '순종적' 모습과는 거리가 멀고, 오히려 적극적으로 행정 서비스를 요구하는 '민원인-시민'의 형상을 볼 수 있다. 사람들은 거침없이 요구와 생각을 쏟아냈다. 그 안에는 경청할 만하고 절실한 이야기도 많았고, 악성 댓글에 대한 자정 작용도 일어났다. 지자체는 총선을 앞둔 정치적 상황이든, 각 지자체 행정이 생활자치 영역에서 주민과 맺어온 나름의 관계를 고려하든, 즉각적으로 응답하려 했다. 3월 중순 정부 지침 전에는 더 혼란스럽고 자의적이었으며 이후에도 여전히 지자체별로 다른 동선 공개 방식에는 이러한 상호 반응성이 영향을 미친 것으로 보인다. 국가 권력이 단일하고 거대한 것만도 아니고, 폭력이나 감시로만 단순화할 수 없는 지점이다. 또한 메르스 사태와 비교해 정부나 지자체 대응이 발전했음을 부정하기는 어렵다.

그러나 시민의 동의가 어떻게 가능했고 힘을 발휘했는 가를 성찰해본다면, 물리적 방역 결과를 사회적 방역의 성 공으로 치환하기도 어렵다. 우리는 서로를 믿었기에 물리 적 거리두기를 할 수 있었다기보다는, 언제든 내 일상이 평 가받고 비난받을 것이라는 불안으로 그것을 했다. 감염병 통제 정책을 실행시킨 규제적인 힘은 시민 간 신뢰라기보 다는 불신과 두려움은 아니었을까. 우리는 바이러스에 대 한 불안을 디지털 기술과 정보에 대한 앎으로 대체하면서 서로에 대한 성숙한 '사회적 거리두기'에는 실패한 것은 아 닐까 물어보고 싶다.

5월 현재, 자가격리 위반에 대한 강제 벌금 혹은 형벌 을 통한 처벌 조항이 시행되고 있고, 경찰, 지자체 및 보건 당국이 전적으로 활용할 수 있는 정보와 기술의 범위가 사 회적 합의나 인권에 대한 섬세한 고려 없이 빠르게 확장되 고 있다. 사회를 보호하겠다는 '안심'에의 욕구는 확진자와 접촉자, 격리자를 재범 위험성이 있는 범죄자나 공동체에 손상을 입히는 가해자처럼 여겨 책임을 묻겠다는 의지와 점차 맞닿고 있다. 여기에서 동선 공개는 책임 여부를 투명 하게 판별해주는 안전장치로 기능하게 된다.

하지만 현행 동선 정보는 가치중립적이지 않고 개인에

유현미

대한 이미지를 사회에 수신시키는 '사회적 정보'이다. 사회학자 어빙 고프먼(Erving Goffman)은 사회적 정보가 대면 상황에서 개인의 신체표현이나 행동을 통해 전달된다고 했지만,[17] 코로나19로 대면이 어려운 상황에서는 정보통신기술로 매개된 동선 정보가 사회적 정보로 유통되었다. 고프먼은 사회적 정보를 통해 한 개인에게 낙인이나 권위를 부여하는 상호작용이 일어난다고 분석했다. 동선 공개는 확진자뿐 아니라 그가 속한 직업집단, 가족, 지역에까지 '민폐'와 낙인 가능성을 주기에 더한 두려움의 대상이 되었다. 앞서 인터뷰한 은수 선생님도 외부인을 많이 접하는 직장인이라서 동선 공개 후에 더 많은 비난을 받았고, 그동안 자신이 겪은 것을 다 토로할 수 없다고 말했다. 그리고 자녀 동행이 공개되어 엄마인데 더 조심하지 못했다는 비난을 가장 많이 들었다고 한다.[18]

이처럼 동선의 사회적인 특징은 성별화된 의미와 효과에서 두드러진다. 언론과 여론에서 비난받은 확진자들의 동선이 '불륜', 그리고 동성애에 집중되어 있었음도 함께 상기해본다면, 위계적으로 성애화되어 있기도 하다. 모든 공간은 "특정한 역사와 지리를 배경으로 하는 젠더화되고 성애화된 규범과 관습의 영향"[19]을 받는다. 따라서 시공간 정보의 조합인 동선 공개가 부여하는 낙인과 수치, 평판과 명예는 코로나19와 동시기적으로 공론화된 디지털 성폭력, 텔레그램 N번방 사건이 시사하듯 중립적이지 않다.

그러므로 더 많은 기술·정보에의 의존이 불안의 해결책이 될 수 없다. 가짜 뉴스와 정확한 공식 정보와의 구분도 크게 유용하지 않은데, 가짜 뉴스 문제가 부각된 메르스 사태와 비교해 코로나19 사태에서는 동선 정보라는 공식 정보의 유통 자체가 사회적 낙인과 통제 효과를 전방위적으로 낳았기 때문이다. 공식 정보는 두려움을 경감하기보다는 촉진했다.

이 과정에서 우리는 타인의 삶과 곤경을 구체적으로 이해하기보다는 "바이러스에 걸린 사람이 사라지면 코로나 위기가 끝날 것처럼 생각하며", 지속된 물리적 거리두기가 낳은 사회적 곤경을 감염자 개인에 대한 분노로 몰아가는 "재난의 개인화"를 심화하지는 않았는가. 동선 공개로 유흥업소에 간 행태가 드러난 남성을 비난하며 업소가 폐쇄되면 좋겠다는 반응들에, 거기서 일하는 여성의 삶의 조건에 대한 관심은 잘 동반되지 않는다. 증상이 나타났는데도 대중교통을 이용해 출근한 확진자에 대한 비난은 컸지만, 아파도 쉴 수 없거나 거리두기가 힘든 대중교통을 이용할 수밖에 없는 사람의 근무조건에 대한 사회적 고려는 뒤늦게 도착한다. "코로나 방역과 경제위기를 걱정하는 목소리는 넘쳐나지만 코로나로 사망한 분들에 대한 애도도 잘 들리지 않는다." [20]

유현미

지금보다 더 나은 방식의 사회적 상상력은 분명 가능하다. 동선 공개도 전국 단위 온라인 플랫폼을 만들어 자의적이고 중구난방인 지자체 공개는 중단시키고, 성별, 나이 등의 인적 정보는 입력하되 비공개하며, 날짜, 시간, 지역, 장소 데이터만 공개하여 검색 기능을 제시하는 공간 중심 방식으로 재편할 수 있다.[21] 질병을 겪어내고 나름의 의미를 만들어나가는 스토리텔러로서 확진자, 격리자의 질병 서사가 더 많이 만들어지고 들리게 하는 방안도 고민될 수 있다. 확진자를 바이러스 캐리어로 치료나 관리의 대상으로만 놓기보다, 질병을 만든 사회에 대한 목격자[22]들로서 위치 지을 때, 대안적 코로나 서사는 시작될 수 있다.

　　지금과 같은 재난 자본주의 시스템이 변하지 않는 한, 바이러스는 완전히 사라지지 않을 것이다. 바이러스를 겪은 사람들도 사라지지 않는다. 두려움도 사라지지 않는다. 두려움을 제거하는 것이 아니라, 이 불투명한 두려움으로 무엇을 할 것인지를 시민으로서 다시 묻고 대답할 때이다.

주

1   자세한 사항은 다음 글을 참조하라. 박미정, 「코로나 19 추적 조사와 프라이
       버시」, BRIC View 2020-TX6, 2020.

2   세계보건기구는 3월 18일부터 '사회적 거리두기' 대신 '물리적 거리두기'
       라는 표현을 사용했다. 사회적 거리두기라는 방역 용어가 실제로는 전파 예
       방을 위해 사람들이 서로 물리적 거리를 유지하는 것을 뜻하는데, 자칫 사회
       적 관계의 단절을 뜻하는 것으로 오해될 수 있기 때문이다. 마이크 데이비스
       외, 정호종 엮음, 『코로나 19: 자본주의의 모순이 낳은 재난』, 책갈피, 2020,
       10쪽 각주.

3   관련 연구로 다음을 참조하라. 인정미, 「기혼 여성의 시간 압박: 생활시간조
       사를 중심으로」, 서울대 사회학과 석사학위논문, 2010.

4   김명희, 「인권으로 함께 헤쳐 나가는 공중보건 위기」, 『인권』 126호, 2020,
       14~17쪽.

5   가장 관련이 있는 조항은 다음과 같다. 〈감염병의 예방 및 관리에 관한 법률
       (약칭: 감염병예방법)〉 제34조의2(감염병위기 시 정보공개) ① 보건복지부
       장관은 국민의 건강에 위해가 되는 감염병 확산으로 인하여 「재난 및 안전
       관리 기본법」 제38조제2항에 따른 주의 이상의 위기경보가 발령되면 감염
       병 환자의 이동경로, 이동수단, 진료의료기관 및 접촉자 현황 등 국민들이
       감염병 예방을 위하여 알아야 하는 정보를 정보통신망 게재 또는 보도자료
       배포 등의 방법으로 신속히 공개하여야 한다. [본조신설 2015. 7. 6.], 〈개정
       2020. 3. 4.〉

6   황정아, 「어떤 '코로나 서사'를 쓸 것인가」, 『창비주간논평』, 2020. 3. 4.

7   유명순, 「코로나19 '국민위험인식조사', 숫자 안의 의미들」, 『대학신문』,
       2020. 4. 12.

8 이문영, 「'눈 달린' 메르스와 불평등」, 『한겨레21』 1101호, 2016.

9 과거 재난 사건들과 2014년 발생한 세월호 참사로 누적된 정부 대응에 대한 불신을 고려해야 할 것이다.

10 실제 동선 공개시 반응 사례들이다.

11 김창엽 외, 『코로나19 시대, 재난 거버넌스의 형성과 전망: 국제비교연구를 위하여』, 서울대 아시아연구소, 2020.

12 유명순, 앞의 글.

13 메르스 사태 관련 보도나 문서를 살펴보면, 감염자는 주로 확진 '환자'로 명명된다. 그러나 이번 코로나19와 관련된 것들은 대부분 확진 '자'로 명명하고 있다. 이 미묘한 차이에 주목할 필요가 있다고 생각한다.

14 사생활은 중산층의 발명품이자 생활양식으로, 계급적으로 상이한 의미와 실천을 가진다는 필립 아리에스의 통찰이 떠오르는 대목이다.

15 4월 국토교통부는 휴대전화 위치 정보와 신용카드 사용내역 등 빅데이터를 취합해 확진자의 동선을 10분 내로 도출해내는 시스템을 만들었다. (「방역과 사생활, 같이 갈 수 있다」, 『경향신문』, 2020. 5. 9.)

16 「방역 모범국가의 '안심밴드' 빅브라더의 시작 될 수 있다」, 『경향신문』, 2020. 4. 24.

17 어빙 고프먼, 『스티그마: 장애의 세계와 사회적응』, 윤선길·정기현 옮김, 한신대학교출판부, 2009.

18 사회적 소수자들이 다양한 상황에서 겪는 동화의 압력을 다룬 책 『커버링』(김현경·한빛나·류민희 옮김, 민음사, 2017)에서 법학자 켄지 요시노는 어머니들을 직장의 '퀴어'라 표현한 적이 있다. 성별 분업과 성역할 규범으로 사적 영역에서 "정상성의 귀감"이 되는 어머니가 공적 영역에서는 부적합하고 이상한 존재로 취급될 수 있다는 통찰이다. 이는 동선 공개 이슈에도 적용될 수 있다. 자녀를 챙겨야 하는 어머니 역할이 공적 공간에서는 더 많은 비난과 낙인 가능성을 만드는 퀴어적 상황(예를 들어 '노키즈 존'과 '맘충'을 둘러싼 논란들)에 놓이게 한다.

19 캐스 브라운·개빈 브라운·제이슨 림 엮음, 『섹슈얼리티 지리학: 페미니즘과 퀴어 지리학의 이론, 실천, 정치』, 김현철·시우·정규리·한빛나 옮김, 이매진, 2018, 18~19쪽.

20 이 문단의 인용구는 다음 글에서 따왔다. 어쓰, 「코로나19와 애도의 부재: 세월호 6주기를 앞두고, 재난을 기억하며 추모하는 이유」, 인권운동사랑방 홈페이지, 2020. 4. 9. (www.sarangbang.or.kr/writing/73234)

21 해당 방식은 녹색병원 백재중 의사가 SNS에 제시한 방안이다. 질병관리본부는 「확진환자의 이동 경로 등 정보 공개 안내(3판)」(2020. 6. 30)에서 개인을 특정할 수 있는 정보를 미공개하고 개인별 동선이 아닌 방문장소별 정보 공개를 권고하면서 이러한 방안을 뒤늦게 수용하는 변화를 보였다.

22 아서 프랭크, 『아픈 몸을 살다』, 메이 옮김, 봄날의책, 2017.

유현미

3 마스크

불확실성 시대의 마스크 시민권 김재형

불확실성 시대에 개인적인 물건이었던 마스크는 개인의 권리이자
국가의 책임이 되었다. 마스크에 공공성이 부여되는 과정은
시장의 실패와 이를 해결하기 위한 공공성의 중요성을 보여주는
중요한 사례다. 하지만 공공성이라고 하는 것은 언제나 배제의
문제를 안고 있다. 포스트 코로나 시대 우리는 공공성을 지향해야
하지만, 공공성이 회복되었을 때 발생할지 모르는 또 다른 배제
문제도 동시에 고려해야 한다.

마스크 시대의 도래

직장이 집 근처 대학에 있기에 항상 집과 학교만 쳇바퀴 돌
듯 걸어서 왕복하다가, 오랜만에 학회 회의가 있어 지하철
을 탔다. 그날은 코로나19 국내 첫 환자가 발생한 지 열흘
이 지난 2020년 1월 29일이었다. 아직 사회적 거리두기가
시작되지 않았기에 역사는 여느 때처럼 사람들로 붐비고
있었다. 그런데 지하철을 타고 보니, 나를 제외한 사람들이
모두 마스크를 쓰고 있었다. 바야흐로 마스크의 시대가 도
래했다는 생각이 스쳤다. 어느새 외출할 때 마스크를 쓰는
것이 위생에서 중요한 시민적 덕목이 된 시대가 온 것이다.

내 기억에 마스크가 이처럼 위생과 관련된 물건이 된
것은 비교적 근래의 일이다. 어린 시절 마스크는 타이거마
스크처럼 장난감의 범주에 있었다. 학교에 붙어 있던 포스
터에는 마스크를 쓰고 청소하는 아이의 모습이 묘사되어
있었지만, 실생활에서 마스크를 쓰고 청소하는 사람은 없
었다. 내가 마스크를 처음 쓴 것은 논산 훈련소에서 화생방
교육을 받을 때였다. 한국전쟁 시기에 만든 것으로 보이는

마스크를 쓰고 화생방실에서 눈물 콧물 다 쏟았던 것이 내가 마스크를 처음 썼던 경험이다. 그러고 보니 대학 시절에 최루탄이 자욱한 거리에서 누군가는 마스크를 썼던 것 같다. 하지만 그 마스크는 최루탄 연기로부터 폐를 보호한다기보다는, 증거를 수집하는 경찰로부터 자신의 얼굴을 보호하는 역할을 했다. 나에게 마스크가 위생에서 중요한 물건이 된 것은 2009년 '돼지 독감'이라고도 불렸던 신종 인플루엔자의 유행을 거치면서이다. 이때 국내에서는 약 76만 명이 감염되었고, 270명이 합병증 등으로 사망한 것으로 기록되어 있다. 나는 이때 처음으로 다수의 사람이 일상생활에서 동시에 마스크를 쓴 것을 보았다. 그리고 메르스 유행이 시작되자 사람들은 너나 할 것 없이 마스크를 쓰기 시작했다. 바야흐로 전염병이 빈번히 등장함에 따라 마스크는 건강의 보호를 돕는 역할을 되찾는 듯이 보였다.

한편, 마스크가 일상의 물건으로 자리 잡는 데에는 미세먼지로 대표되는 대기오염의 역할이 컸다. 내가 어렸을 적에도 봄만 되면 뿌옇게 변했던, 그래서 일종의 정상상태였던 봄 하늘은 어느 순간부터 건강을 해칠 수 있는 위험한 것이 되었다. 대기오염, 그리고 황사가 신체에 미치는 악영향과 관련된 많은 양의 과학 지식과 동시에 그만큼의 가짜 정보가 쏟아져나왔고, 그 공기를 그대로 마시면 폐암은 물론 어느 때라도 치매에 걸리는 것이 이상해 보이지 않을 정

김재형

도였다. 실제로 초미세먼지가 뇌에서 발견되었다는 과학 뉴스에 많은 이들이 충격을 받았고, 마스크를 쓰는 이들이 급속히 늘어났다. 한 장에 불과 몇천 원 되지 않았던 저렴한 마스크는 대기오염의 위기에서 우리 건강을 보호할 수 있는 유일한 무기가 되었다.

근래 마스크가 사회적으로 주목받은 사례도 있었다. 2016년 7월 28일 시작된 이대 시위이다. 촛불시위와 박근혜의 탄핵으로 이어진 이 역사적 사건에서 마스크는 중요한 역할을 담당했는데, 이를 둘러싸고 논쟁이 벌어지기도 했다. 모자, 선글라스, 그리고 마스크로 자신의 얼굴을 완전히 가리고 집회에 등장한 학생들의 모습은 많은 이들에게 낯선 것이었다. 일부에서는 얼굴을 가린 이들을 당당하지 못하다고 비난했다. 하지만 이들이 얼굴을 가린 이유는 한편으로는 경찰과 학교의 채증으로부터, 다른 한편으로는 '이대 나온 여성', 또는 '앞으로 이대를 나오게 될 여성'에 대한 사회의 부정적인 인식으로부터 자신을 보호하기 위해서였다. 이렇듯 마스크는 개인정보를 보호하기 위한 방패이자 불의와 싸우기 위한 무기가 되기도 했다. 외국의 사례이지만 2019년 한 해를 뜨겁게 달궜던 홍콩시위에서도 마스크는 첨단 감시 기술로 무장한 경찰로부터 자신을 보호하는 가장 효과적인 무기이자 홍콩시위의 상징이 되었다.

얇디얇은 마스크는 다양한 상황에서 현대인을 보호해

주는 역할을 하는 필수품이 되어버렸다. 그리고 사회적·문화적으로 점차 여러 의미와 역할을 중층적으로 갖게 되었다. 이러한 관점에서 '마스크의 사회학' 같은 게 필요하지 않을까 하는 생각을 하다, 지하철에서 황급히 내렸다.

코로나19 시대의 불안과 불확실성, 그리고 마스크

2020년 1월 19일, 국내에서 코로나19 첫 환자가 등장하면서 마스크는 다시 한 번 중요한 물건이 되었다. 코로나19와 관련된 정보가 너무 부족했던 초기부터 마스크는 시민들의 건강을 지켜주는 중요한 역할을 담당했다. 확산 초기에는 코로나19에 관한 정보가 많지 않았다. 코로나19 바이러스가 어떻게 등장했는지, 어떻게 확산됐으며, 사람 간 전염이 되는 것인지, 치료는 어떻게 할 수 있으며, 감염률과 사망률은 어떠한 것인지 어떠한 정보도 확실하지 않았다. 이후 과학자들은 이 정체불명의 질병이 박쥐에게 있었던 코로나 바이러스로부터 등장한 변종에 의한 것이며, 사스와 메르스의 친척이라는 것을 밝혀냈다. 한편 일부에서는 이 바이러스가 실험실에서 조작되어 만들어진 것이라 주장하고 있다. 다음으로 논란이 되었던 것은 박쥐에 있던 코로나 바이러스가 종 간 장벽을 뚫고 인간에게 감염되는 데 역할을 한 중간 매개체에 관한 것이었다. 사스는 사향고양이가, 그리고 메르스는 낙타가 매개체로 지목되었고, 코로나19는 최근 천산갑이 지목되고 있으나 여전히 확실하지 않다.

코로나19에 대한 불확실성과 관련해 가장 문제가 되었던 것 중 하나는 무증상과 감기와 구분되지 않는 초기 증상이었다. 코로나19 바이러스에 감염되었다 하더라도 모든 이들에게서 증상이 발현하는 것이 아니며, 발현되더라도 초기에는 감기와 구분되지 않는 특징은 시민들의 불안감을 더욱 부추겼다. 즉 이것은 주변의 건강해 보이는 이들 중에 감염자가 있을 수 있으며, 우리는 그러한 감염자를 구분할 수 없다는 것을 의미했다. 심지어 감염자 역시 자신이 감염자인지 모르고 바이러스를 타인에게 전파할 수 있다. 확산 초기에 코로나19에 관한 정보는 턱없이 부족했는데, 이는 의료 전문가들도 마찬가지였다. 그래서 전문가들 역시 사람들의 혼란을 일으키는 부정확한 정보를 확산시키기도 했다.

이렇듯 코로나19와 관련된 불확실한 정보는 시민들의 불안과 공포를 강화했다. 첫 번째 환자가 발생한 직후부터 한국사회에서는 중국인에 대한 인종주의적 반응이 등장했다. 정보를 통제해 코로나19를 확산시킨 중국정부에 대한 분노와 함께, 당장 질병에 감염된 중국인들이 한국으로 몰려올지도 모른다는 공포가 한국을 뒤덮었다. 이러한 이유에서 중국인들의 입국을 금지해달라는 청와대 청원이 등장하기도 했다. 질병에 대한 정보가 부족한 상황에서, 불안 요소로 보이는 중국인을 공격해 안전감을 찾고자 하는 반응이었다. 이러한 공포에 기반한 혐오의 대상은 곧 외국인노동자, 조선족, 그리고 중국에서 귀국한 한국인들로 확산되었다. 이들이 질병을 확산시킨다는 어떠한 근거도 없이 추측과 공포에 기대어, 이들을 사회의 위험요소로 낙인찍었고, 실제로 이들이 밀집해 있는 지역에 사람들의 발길이 끊겼다. 심지어 돌봄노동에 종사하는 노동자들이 해고되기도 했다.

더군다나 2월 18일 대구에서 31번 환자가 등장한 이후, 확진자가 급격히 증가하는 상황에서 정부의 '사회적 거리두기'가 시작되면서 불안과 불확실성은 높아져갔다. 대부분의 나라가 코로나19가 급격히 확산되는 동안 강도 높은 사회적 거리두기를 실시한 반면, 한국은 상대적으로 약한 사회적 거리두기를 실시했다. 즉 한국에서는 어느 정도 제한이 있었지만 상당한 정도의 일상생활이 가능했다. 그렇다면 어떻게 이런 일이 가능할 수 있었을까? 전문가 대부분이 한국의 코로나19 방역이 성공한 이유로 철저한 추적, 광범위한 검사, 그리고 적극적인 치료를 들고 있다. 하지만 시민에 대한 엄격한 통제 없이 일상생활을 영위하면서 한국이 코로나19에 대처할 수 있었던 데는 마스크가 중요한 역할을 했음을 부인하기 힘들다. 지금은 코로나19 대처에서 마스크 쓰기가 갖는 중요성을 부인하는 사람은 찾아보

김재형

기 힘들지만, 코로나19 초기 대응에서 마스크의 효과에 대해 부정적인 의료 전문가들도 많았고, 방역당국 역시 마스크 사용을 적극적으로 권고하지 않았다. 이 질병의 확산을 목도하면서도 질병에 대한 정보가 충분하지 않았을뿐더러 전문가들의 말도 신뢰할 수 없었기 때문에 시민들이 취할 수 있는 대응은 많지 않았다. 이러한 상황에서 과거의 경험에서 비롯된 사회적 합의는 '모두 마스크를 쓰자'였다. 즉 불확실성 시대에 유일하게 확실한 것처럼 보였던 것은 '마스크'가 나를 보호할 수 있다는 감각이었다.

마스크를 둘러싼 논쟁

지금은 한국의 방역이 성공한 원인 중 하나로 마스크 쓰기가 전세계적으로 인정받고 있지만, 확산 초기에 서구권에서는 그 효과를 인정하지 않았다. 서구권에서 마스크 쓰기에 유보적인 태도를 보인 데에는 문화적인 이유뿐만 아니라 과학적인 이유가 있었다. 문화적으로 서구에서는 일상생활에서 마스크는 잘 사용하지 않았고, 병원에서 의료 전문가들만 쓰는 것으로 여겨졌다. 마스크를 쓴다는 것은 이미 질병에 걸렸다는 것을 의미했기 때문에 오히려 사람들에게 기피 대상이었다. 얼굴을 가린 사람은 범죄를 저지를지 모른다는 낙인이 찍히는 것도 중요한 요인이다. 지금도 미국 흑인들은 마스크를 사용했을 때 범죄자라는 낙인이

찍힐까 봐 마스크를 쓰지 않으려 한다. WHO와 같은 국제기구, 미국 CDC 등 각 국가의 보건당국 또한 마스크 쓰기에 부정적이었다. 서양의 의료 전문가들은 마스크가 전염병의 전파를 막는다는 근거가 없으며, 일반인이 마스크를 쓰면 오히려 감염 위험을 높일 뿐 아니라 의료진이 사용해야 할 마스크가 부족할 가능성이 있어 오히려 질병 통제에 방해가 된다고 주장했다. 지금도 영국 보건당국은 코로나19의 확산에도 불구하고 마스크 쓰기를 권장하고 있지 않다. 대신 5월 11일부터 사회적 거리두기가 힘들 때에만 '얼굴 가리개' 착용을 권장했다. 얼굴 가리개는 스카프, 목도리, 손수건 또는 천으로 만든 마스크 등을 가리킨다.

하지만 동아시아에서는 마스크 쓰기 문화가 자리 잡고 있었다. 특히 중국, 일본이나 대만, 홍콩, 싱가포르와 같은 국가에서는 감기 등 전염병에 걸렸을 때 마스크를 쓰는 것이 일반화된 일이었다. 중국 우한에서는 코로나19 확진자가 급증하자 마스크 쓰기가 강제되었고, 마스크를 쓰지 않는 사람들은 공공장소에 나올 수 없었다. 대만, 홍콩, 싱가포르 등지에서도 비슷한 조치가 취해졌고, 모든 이들이 마스크를 쓰게 되자 곧 공급이 수요를 못 따라가면서 마스크 부족이 심각한 문제로 부상했다. 그래서 사태 초반 중국에서는 마스크 대용으로 여러 가지 물건들이 사용되는 웃지 못할 일이 발생하기도 했다. 하지만 이들 국가의 마스크 강

김재형

제는 어떠한 근거에 의해서 이루어진 것은 아니었다. 코로나19에 대한 정보가 턱없이 부족했기 때문에 마스크가 이 질병의 확산을 막을 수 있는 것인가는 대답하기 힘든 질문이었다. 그러나 이러한 불확실한 정보 앞에서 동아시아 각국은 이전 사스 등의 전염병에 대한 방역 경험과 문화에 의존해 마스크 쓰기를 강제했다.

마스크가 코로나19 확산 방지에 도움을 주는가? 이 질문에 대한 답변을 위해서는 신종 코로나 바이러스가 감염자로부터 비감염자에게 어떻게 전달되는지에 대한 정보를 먼저 얻어야만 했다. 바이러스는 주로 감염자의 호흡기로부터 튀어나오는 물방울과 함께 비감염자에게 전달된다. 호흡기에서 튀어나오는 물방울은 지름이 10um 미만인 에어로졸과 그 이상인 비말로 구분할 수 있다. 에어로졸과 비말은 사람의 호흡기에서 나온 이후에 중력의 작용에 의해 사뭇 다른 방식으로 확산된다. 크기가 작은 에어로졸은 중력의 영향을 받지만, 보다 가볍기 때문에 환기 또는 바람에 의해 더 멀리까지 날아서 6미터 이상까지 도달할 수 있다. 실제로 중국에서 수행된 연구에 따르면 버스와 같이 밀폐된 공간에서 히터가 작동할 때 감염자의 호흡기로부터 나온 에어로졸에 의해 바이러스는 상당히 멀리 떨어진 사람까지 도달해 감염시켰다. 반면 크기가 더 큰 비말은 에어로졸보다 무겁기에 호흡기에서 튀어나와 중력에 의해 멀리

가지 못하고 바닥으로 떨어진다. 비말은 주로 1.5미터를 넘지 못하고 바닥으로 떨어지는 것으로 알려져 있는데, 이것이 사회적 거리두기 정책이 사람 간 1.5~2미터 정도의 거리를 두도록 권유하는 이유이다.

한편 에어로졸과 비말은 감염자로부터 나오는 방식과 비감염자에게 안착하는 방식에서도 차이가 있다. 비말은 주로 기침이나 콧물로부터 나오는 반면, 에어로졸은 일반적인 호흡을 할 때도 배출된다. 또한 에어로졸과 비말은 신체 내부에 들어와 안착하는 장소가 다르다. 비말은 보다 무겁고 크기 때문에 신체 내부에 들어와 코나 입, 기도 상단에 흡착한다. 반면 에어로졸은 기도 하단뿐만 아니라 폐까지 내려갈 수 있다. 이러한 이유에서 바이러스가 에어로졸로도 전달되는가는 방역 방법과 수준을 결정하는 데 매우 중요한 고려 대상이 된다. 즉 바이러스가 에어로졸로도 전달된다는 것은 보다 강도 높은 사회적 거리두기가 필요하다는 것을 의미한다. 코로나19의 확산 초기에는 동아시아와 서구 모두 이에 대한 정보가 부족한 상태에서 마스크 쓰기에 대한 정책을 결정한 것이다.

서구권에서는 마스크의 효과에 대한 이전의 연구 결과를 정책 결정의 근거로 사용했다. 이전 연구는 몇 가지 이유로 일반인의 마스크 쓰기가 방역에 큰 도움이 되지 않는다고 결론 내렸다. 첫째, 제대로 마스크를 쓰기 위해서는 전문

김재형

적인 훈련을 받아야 하지만, 일반인들은 그러한 훈련을 받지 못했기 때문에 마스크가 효과를 발휘하지 못하거나 오히려 감염의 위험성을 증가시킨다. 둘째, 개인 감염을 예방하려면 마스크보다 손 씻기가 더 중요한데, 마스크를 쓰면 손 씻기를 소홀히 할 수 있다. 셋째, N95 마스크가 아닌 수술용 마스크나 일반 마스크는 에어로졸이나 비말을 효과적으로 막지 못한다. 마지막으로 일반인들이 N95 마스크를 사용하기 시작하면, 일선에서 환자를 치료해야 하는 의료 전문가들에게 N95 마스크를 제대로 공급하기가 힘들어진다. 이러한 이유에서 서구권 국가에서는 오랫동안 마스크 쓰기를 권장 또는 강제하는 것을 망설였다.

반면 동아시아 국가에서는 마스크 쓰기를 권장하는 정책이 코로나19에 대한 과학적 정보에 근거한 것은 아니었다. 실제로 이러한 이유에서 한국 방역당국은 마스크 쓰기를 강제하지 않았고, 초기에는 강력히 권장하지 않았다. 일반인들이 마스크를 사재기하기 시작하면서 마스크 구입이 힘들어지자 일부 의료 전문가들은 WHO와 CDC의 기준에 근거해 마스크는 효과가 없으므로 일반인들은 굳이 쓸 필요가 없다고 주장하기도 했다. 그러나 시간이 지나면서 기존 논의 바깥에서 마스크의 효과가 증명되기 시작했다. 즉 마스크는 개인을 바이러스로부터 보호하는 데 효과적인 방법은 아니지만, 감염된 사람으로부터 건강한 사람을 보호하는 데 효과적이라는 주장이 설득력을 얻었다. 특히 코로나19의 특징인 무증상자와 초기 증상자 역시 바이러스를 전파시킬 수 있기 때문에, 모든 사람들이 마스크를 쓰는 것은 적은 비용으로 질병의 확산을 막을 수 있는 효과적인 방법이었다. 감염자의 호흡기를 통해 배출되는 에어로졸과 비말은 감염자가 쓰고 있는 마스크로 효과적으로 차단할 수 있다.

마스크가 감염자로부터 건강인을 보호할 수 있다는 사실로 인해 마스크에는 '공공성'이라는 새로운 사회적 의미가 부여되었다. 나를 보호하기 위한 개인적인 이유에서 마스크를 쓰는 것이 아니라, 혹시 감염되었을지도 모르는 나로부터 타인을 보호하기 위해 마스크를 쓴다는 인식으로 이 행위는 이타적인 행위가 되었다. 하지만 중요한 것은, 애초에 한국사회에서 마스크를 쓰는 행위는 이러한 이타적인 이유에서가 아니라 개인이 불확실성 속에서 스스로를 지키기 위한 유일한 방법으로 여겨졌기 때문이다. 마스크 쓰기의 공공성은 후에 덧붙여진 것이다. 그렇다고 해도 마스크 쓰기의 공공적 성격은 폄훼되어서는 안 된다. 우리는 마스크를 통해 나의 건강을 지키는 것이 곧 사회의 건강을 지키는 것이며, 역으로 타인의 건강을 지키는 것이 나의 건강을 지키는 것이라는 교훈을 경험하고 있기 때문이다.

김재형

마스크 시민권과 타자화

마스크에 부여된 또 다른 공공성의 측면이 있다. 마스크 쓰기가 건강과 관련해 일상생활이 된 것은 미세먼지의 의료화 때문이었고, 이 과정에서 의료 전문가의 역할이 중요했다. 미세먼지가 건강에 미치는 악영향과 미세먼지로부터 개인의 건강을 보호하는 데 필요한 정보의 생산과 유통은 의료 전문가가 독점하고 있었다. 예를 들어 의료 전문가들은 대중매체를 통해 미세먼지가 발생시킬 수 있는 질병 등을 강조했고 이를 예방하기 위한 여러 방안을 제시했는데, 그중 하나가 마스크 쓰기였다. 마스크 종류가 중요해지기 시작한 것은 이때부터였다. 일반 면마스크나 덴탈(수술용) 마스크가 아니라 KF80, KF94, KF99 마스크만이 미세먼지를 효과적으로 막을 수 있으며, 이들 마스크는 한 번만 사용하고 폐기해야 한다는 것이 점차 상식처럼 되었다. 미세먼지가 일으킬 수 있는 건강상 문제가 강조되면 될수록 더 많은 사람이 KF80 이상의 마스크를 쓰기 시작했다. 물론 미세먼지의 발생 원인에 대한 논의가 진행되었지만, 그 원인을 특정하기 힘들었기 때문에 대중의 관심사는 정책적인 해결보다는 마스크 쓰기라는 개인적인 해결책에 머물러 있었다.

이러한 이유에서 마스크 쓰기는 전적으로 개인적이었다. 공기의 질이라는 공공재를 관리하는 공적인 해결책은 논의가 잘 진척되지 않은 대신, 자신의 건강을 지키기 위해 스스로 KF80 이상의 '보건용(방역용) 마스크'를 사용해야 하는 것이 한국사회의 규범이 되었다. 하지만 코로나19가 확산되고 시민들이 이를 막을 수 있는 해결책으로서 마스크 쓰기에 집중하자 마스크 품귀 현상이 중요한 사회문제로 등장했다. 이전에는 개인적인 물건이었던 마스크는 갑자기 정부가 공급을 책임져야 하는 공공재 성격을 갖기 시작했다. 시민들은 자신을 보호하기 위한 마스크를 안정적으로 확보하는 것을 당연히 누려야 할 권리로 인식했고, 마스크의 안정적 공급을 정부가 당연히 제공해야 할 책임으로 여겼다. 그리고 마스크를 안정적으로 제공하지 못하는 정부에 대한 비판이 등장하기에 이른다. 마스크 공급은 코로나19에 대한 정부의 방역 능력을 평가하는 중요한 기준이 되었다. 마스크의 효과가 아직 입증되지 않은 상태에서 정부는 시민의 요구를 받아들여 마스크 공급에 힘쓰기 시작했고, 여러 방안 중 하나가 '공적 마스크'였다.

　나는 이러한 현상을 '마스크 시민권'이라는 개념으로 설명하고자 한다. 이 개념은 아드리아나 페트리나(Adriana Petryna)가 체르노빌 피해를 연구하면서 사용한 '생물학적 시민권'(biological citizenship)에서 착안한 것이다. 생물학적 시민권이라는 개념은 특정한 생물학적 특징으로 자신의 정체성을 구성하는 집단이, 그것을 근거로 국가에 돌봄과 치료 등을 요구하고 국가는 그것에 응하는 상황을 묘사한다. 체르노빌 사고의 방사능 피해자들은 자신의 신체적 피해를 중심으로 자신의 정체성을 구성했고, 그것을 국가의 돌봄과 치료의 근거로 삼았다. 이러한 현상은 신체적 몸이 더욱 중요해지는 현대 사회에서 자주 목격할 수 있다. 예를 들어 성인 ADHD 환자 등은 자신의 특정한 생물학적 결함으로 자신의 집단적 정체성을 구성하고, 그것에 근거하여 사회와 국가로부터 돌봄을 받을 수 있는 권리를 요구하거나 그러한 자격을 얻게 된다.

이번 코로나19 사태에서 시민들은 새로운 질병 앞에서 '취약한 주체'로 자신을 규정하고, 국가에게 자신을 보호해달라고 요청했다. 그 결과 마스크 분배는 국가의 책임이 되었고, 마스크 수급은 개인의 권리가 되었다. 하지만 시장에 맡아온 마스크 공급을 국가가 담당하면서 다른 문제가 생겨났다. 마스크의 권리를 두고 '우리'와 '타자'를 구분하는 새로운 정치가 발생하게 된 것이다. 마스크의 공공성이 강조되면서 그 '우리'에 포함되지 않은, 외국인이라는 한국사회의 타자들은 마스크 분배에서 배제되기 시작했다. 마스크가 시장에 맡겨졌을 때는 비싸기는 해도 누구나 마스크 구매에 평등하다가, 마스크가 공공재가 되는 순간 한국사회의 시민권을 둘러싼 불평등 문제가 재현되었다. 전국이주인권단체는 3월 7일 공동성명을 통해 "건강보험에 가입하지 못한 6개월 미만 체류 이주민, 유학생, 사업자등록 없이 농어촌지역에서 일하는 이주노동자, 미등록 체류자 등 수십만 명이 배제된다"고 주장했다. 그리고 난민들 역시 마스크 분배에서 배제되었다.

한국정부는 마스크를 받을 자격을 건강보험 가입 여부로 구분했지만, 이러한 기준은 어떠한 근거가 있는 것은 아니었다. 한국사회에 뿌리 깊게 박혀 있는 인종주의가 다시 등장한 것으로, 인종주의에 근거한 분배 기준은 코로나19 방역이라는 시급한 과제의 관점에서 바라봤을 때 전체 방역을 위태롭게 할 수도 있다. 우리 사회의 수십만 명에 이르는, 건강보험에 가입하지 못한 외국인들이 적절히 마스크를 쓰지 못해 코로나19 확산이 가능한 '사각지대'가 한국정부에 의해 만들어졌다고도 볼 수 있다. 한국정부는 코로나19가 어느 정도 통제되고 마스크 부족 문제가 상당히 해결된 4월 19일에야 "그간 공적 마스크를 구매할 수 없었던 외국인(약 46만 명)의 경우 4월 20일부터" 공적 마스크를 살 수 있다고 발표했다. 마스크 분배에서 나타난 인종주의적 배제의 문제는 긴급재난지원금 사례에서도 비슷하게 반복되었다.

한편 마스크 시민권의 문제는 국제정치에서도 중요한 이슈가 되었다. 예를 들어 확산 초기에 중국에 우호의 제스처로 마스크를 제공했던 한국정부는 국민에게도 모자란 마스크를 중국에 주는 친중정권이라는 비판과 공격을 받았다. 비슷한 논리로 국민을 보호하지 않고 중국의 눈치를 봐서 중국 봉쇄를 하지 않았다며 정부를 공격하는 사람들은 여전히 꽤 많다. 하지만 오히려 상하이 등지에서 한국이 보낸 마스크보다 더 많은 양의 마스크를 보내며 한국과 중국 사이의 우호를 확인하는 계기가 만들어지기도 했다. 또한 마스크 시민권의 문제는 전통적 우방의 관계도 약화시켰는데, 미국정부는 독일로 향하던 마스크를 중간에 압수했으며 캐나다로의 수출을 금지시키기도 했다. 이는 모두 국제사회에서 마스크 시민권을 둘러싸고 우리와 타자를 나누는 심각한 구분의 정치가 이루어지고 있다는 것을 보여준다.

마스크는 여러 문화적·과학적 논란에도 불구하고 결국 코로나19로부터 개인과 사회를 보호하는 데 매우 중요한 물건으로 인정받았다. 불확실성 시대에 개인적인 물건이었던 마스크는 개인의 권리이자 국가의 책임이 되었다. 마스크에 공공성이 부여되는 과정은 시장의 실패와 이를 해결하기 위한 공공성의 중요성을 보여주는 중요한 사례다. 하지만 공공성이라고 하는 것은 언제나 배제의 문제를 안고 있다. 즉 시민권이라고 하는 권리를 부여하는 것은 권리를 소유하지 못한 이들을 어떻게 배려할 것인가의 문제와 동전의 양면이다. 실제로 마스크가 공공재가 되면서 우리 사회에 존재하는 수십만 명의 외국인 등을 배제하는 문제가 발생했고, 이것은 오히려 코로나19로 인한 개인과 사회의 위험성을 더욱 높이는 결과를 가져왔다. 포스트 코로나 시대 우리는 공공성을 지향해야 하지만, 공공성이 회복되었을 때 발생할지 모르는 또 다른 배제 문제도 동시에 고려해야 한다. 이것이 그동안 마스크를 둘러싼 논의와 실천들이 우리에게 주는 교훈일 것이다.

김재형

4 신천지

신국(神國)의 이민자들,
'신천지'의 현상학

한국에서 가장 많은 확진자가 나온 지역은 대구로, 총 6,859명이다.
종교와 관련하여 가장 많은 비율을 차지하는 것은 신천지 관련
확진자로 총 5,016명이다. 세대로 보자면 20대가 2,967명으로 가장
많다. 이러한 통계를 통해 우리가 유추할 수 있는 것은, 대구지역
청년으로 신천지에 몸담은 이들 사이에서 대대적인 확산이
있었다는 것이다. 왜 대구, 신천지, 청년이었을까?

들어가며

2020년 1월 말 첫 확진자 등장 이후에도 비교적 낮은 수를 유지했던 한국의 확진자는 2월 18일 이후 기하급수적으로 증가한다. 대구에서 31번 확진자가 등장한 이후 확진자가 몸담은 종교집단(신천진예수교증거장막성전, 이하 '신천지')을 중심으로 대량 확산이 시작되었다. 마스크를 구매하고자 사람들은 약국 앞에 줄을 섰고, 확진자가 쏟아져나온 대구는 의료붕괴 위기를 호소할 정도였다. 당시 한국은 세계에서 가장 위험한 곳으로 인식되었고, 신천지라는 종교집단은 한국을 넘어 전세계적인 주목을 받게 되었다.

이후 신천지는 세간의 관심 한가운데에 있었다. 종교계 언론을 중심으로 신천지에 관한 많은 보도들이 쏟아졌다. 종교집단의 지도자는 직접 TV에 나와 대국민 사과를 발표하기도 했다. 그중 눈길을 끄는 대목이 있었다. 14만 4천 명이 구원을 받는다고 말하는 이 종교의 신도 수가 최대 30만 명에 달한다는 뉴스였다.[1] 상당수가 20대와 30대 청년이라고 했다.[2]

신천지라 불리는 이 집단의 종교생활이나 교인들의 사회경제적 특징 등에 대해서는 그다지 알려진 바가 없다. 대부분의 교인들이 자신의 종교적 정체성을 드러내지 않는 것이 가장 큰 원인일 텐데, 이는 이 종교가 갖는 독특한 정체성으로 인해서다. 개신교계에서는 이 종교를 '이단'으로 규정하고 있으며, 2월 말과 3월 초 당시 이들에 대한 비판적 기사를 주도한 것도 개신교계 언론이었다.[3]

하지만 30만이라는 규모는 그 자체로 내부의 다양성을 가정케 한다. 조직의 규모는 그 자체로 구성원들의 심리나 조직의 형식을 바꾸게 되어 있다.[4] 당연히 그 내부에는 방관자와 적극적인 사람들이 나뉘어 있게 마련이다. 매우 균질적인 종교집단처럼 비춰지는 언론의 보도만으로는 신천지 종교집단의 특징이나 그 종교생활의 특징을 파악하기가 힘들다고 봐야 한다. 학계에 제출된 기존 연구들 역시 종교적 개종과 재개종에 초점을 맞추는 경우가 많고, 종교생활이나 집단적 특성에는 그다지 주목하지 않고 있다.[5]

따라서 이 글은 신천지라는 종교집단에 대한 사회학적 이해를 목표로 한다. 특히, 신천지에서 가장 많은 비율을 차지하는 20대에 주목하며, 신천지라는 종교집단의 특성과 그 내부에서 이뤄지는 종교생활의 특성을 밝히고자 한다. 이를 통해 어떤 사람들이 어떠한 과정을 거쳐 신천지에 입교하게 되는지, 입교 이후에는 어떠한 종교생활을 영위하게 되는지, 종교집단으로부터 나온 이들은 왜 나오게 되었는지 등 다양한 요소들을 살피고자 한다.

잘 알려지지 않은 사회집단을 소개하기 위해 이 글은 독일과 미국의 현상학적 사회학 전통에 있는 여러 고전사회학자들의 개념들을 활용하고자 한다.[6] 사회 내 개인들의 지위와 조직의 특성 등을 중시하는 이들 개념을 통해 20대 청년들이 한국사회 내에서 갖는 지위와 종교조직의 특성이 어떻게 개인들의 종교생활을 만들어내는지 분석하고자 한다. 당연한 세계를 낯설게 보도록 하는 것이 사회학이라고 하지만, 신천지라는 종교는 우리에게 아직 낯설다. 낯선 세계를 말하기 위해선 오히려 익숙한 개념들을 활용할 필요가 있다는 판단하에, 고전사회학에서 자주 활용되는 사회학 개념들을 통해 이들의 종교경험을 설명할 것이다.

조사를 위하여 2020년 4월부터 6월 초까지 총 일곱 명의 탈퇴자를 만나 심층면접을 진행했다. 대상자는 2014년부터 5년간 활동했던 A, 그의 포교로 3개월간 신천지 종교집단을 경험했던 B, 2013년부터 6년간 활동했던 C, 2011년부터 6년간 활동했던 D, 2013년부터 7년간 활동했던 E, 2015년부터 5년간 활동했던 F, 2014년부터 2020년 3월까지 활동했던 G로, 모두 20세를 전후해 입교한 뒤 20대 중후반에 탈퇴한 경험을 지니고 있으며, 이들이 거주하는 지역 역시 서울, 부산, 대구, 광주 등 대도시다.

현재 신천지에 몸담고 있는 이들과의 심층면접도 타진해보았으나 이뤄지지 않았다. 그리고 신천지는 여성 신도의 비율이 훨씬 높은 것으로 알려져 있지만 연구에 참여한 일곱 명 중 여섯 명이 남성이다. 이는 신천지 및 한국사회의 특징과 관련이 있다. (그 이유에 대해서는 탈퇴에 관한 이야기에서 분석할 것이다.)

이방인, 입교 이전

게오르그 짐멜은 '이방인'(die Fremde)의 존재를 형식사회학적으로 설명한 적이 있다. 이방인은 유랑자이자 정착민이었다. 유럽의 도시에 거주하는 유대인들처럼, 사회 내의 구성원이었지만 심리적으로는 사회와 유기적으로 결합되어 있지 않은 이들을 짐멜은 이방인이라 불렀다.[7] 존재 그 자체로 이방인인 것이 아니라, 사회 내에서 이들이 차지하고 있는 지위 및 사회와 이들 사이에서 존재하는 특수한 상호작용의 형식이 이방인을 만들어낸 것이다. 짐멜은 이방인을 자유로운 시선에서 또 객관적으로 사회를 바라볼 수 있는 능력을 갖춘 이들이라 했다.

여느 사회든 이방인은 존재하기 마련이다. 우리 사회도 마찬가지다. 한국의 현대사를 거치며 많은 이들이 우리 사회의 부조리를 문제 삼으며 새로운 사회를 만들고자 했다. 그렇게 새로운 사회를 만들려는 직접적인 동기는 없더

박해남

라도, 자신이 살아가는 사회를 새삼 낯설게 바라보며 어떻게 살아갈지를 고민하는 이들 역시 적지 않았다. 특히 젊은 이들이 그러했다. 사회를 선험적으로 주어진 것으로 보며 이를 그대로 수용하는 청년들의 수는 많지 않다. 사회를 낯설게 보고 사회에 대하여 '이방인' 되기를 주저하지 않으며, 나아가 사회를 바꾸고자 하는 청년의 모습, 최소한 자신이 어떻게 살아갈 것인가를 고민하는 청년의 모습은 우리 사회에서 예외라기보다는 일반에 가깝다.

이 연구에 참여한 이들에게서 그런 모습이 보였다. 이들 모두에게 사회는 당연한 세계가 아니었다. 자의든 타의든 간에 이들은 우리가 살아가는 사회를 낯설게 보고 있던 일종의 '이방인'이었다. 그랬기에 이들은 세계에 대한 지식을 원했고, 나아가 사회를 바꾸고 싶었다. 한국의 많은 젊은 이들이 그랬듯이 말이다.

A와 B는 고교 시절 한 청소년 사회운동 단체에서 만났다. 특정 정당과 연결되어 있는 이곳에서 그들은 사회를 바꾸고자 하는 열망을 지닌 채 활동했다. B는 자신이 경험한 학교폭력이 그에게 그러한 열망을 심어주었다고 말했다. D는 고등학교 때부터 종교로 사회를 바꾸고자 하는 모임에서 활동했다. 유난한 방황의 청소년기를 보냈던 C는 대학에 들어갈 무렵 진로 고민이 많았다. 원하는 학과를 간 것이 아니었기 때문이다. E와 F 그리고 G도 마찬가지로, 교

우관계에 약간의 어려움을 느꼈다. E는 중학교부터 고등학교 때까지 따돌림을 당했다. 고등학교 1학년 때 우연히 알게 된 종교모임은 그에게 도피처였다. F는 가정형편으로 초등학교 시절 잠시 외국에서 살았다. 이 때문에 그는 '보통' 한국 아이들과 발음이 달랐고, 지속적인 놀림과 따돌림의 대상이 되었다. 그래서 그는 고등학교 시절 2년간 해외 유학을 준비했다. 하지만 소도시에 살던 그는 구체적으로 어떻게 해야 해외 대학에 진학할 수 있는지 알지 못했다. G는 고교 진학과 더불어 대도시로 이주했다. 그가 살던 곳과 대도시 사이의 격차는 컸다.

이들은 신천지를 접할 즈음에 그간 자신에게 소속감을 제공해주던 중요한 집단으로부터 자·타의적으로 결별을 경험한다. A는 2013년 12월 서울에서 열린 집회에 참석한 이후 자신이 속한 청소년 사회운동 단체에 대해 회의하기 시작했다. 사회의 변화보다 인간의 삶과 죽음이라는 주제가 더욱 절실하게 다가왔다. B 역시 1년 후 사회운동과 관련해 방향성을 상실했다고 말한다. 자신이 속했던 사회운동 단체의 모체가 되는 정당이 해산되었기 때문이다. 이윽고 지인이 노동현장에서 착취당하는 현실을 알렸다가 피고소인이 되었다. C는 사춘기에 들면서 가족과의 관계에서 상처가 깊었다고 말한다. 특히 어머니와의 관계가 좋지 못했다. 그가 기존의 종교모임에서 나와 신천지로 발걸음을 옮길 당시에는 종교모임에서 알게 된 친구와 소송에 이르기까지 했다. 종교에 대한 관심이 많았던 D는 부모님과 함께 다녔던 종교모임을 통해 자신의 종교적 욕구를 채우지 못했다. 그래서 친구들과 함께 자신이 소속될 곳을 찾았고, 일주일에 한 번씩 모임에 참석하며 자신의 종교적인 열정을 그곳에 바쳤다. 하지만 그곳의 성직자가 모임의 구성원들에게 성폭력을 가했고, 그 역시 예외는 아니었다. 더 이상 그곳에 있을 수는 없었다. E는 친구들로부터 따돌림을 당했고, 고등학교 1학년 때부터 종교모임에 참석했다. 하지만 대학에 진학하고 군대에 다녀온 후 자신의 기대와 종교모임의 현실이 어긋났다는 생각에 모임을 나온 상태였다. F는 대학에 진학하면서 소도시를 떠나 대도시로 이주했다. 원래도 친구가 없었고, 대도시와 대학 모두에서 고립되어 있었다. G는 소속된 종교집단에서 고교 생활 막바지에 갈등을 경험했고, 얼마 뒤 대학에 진학했다. 그는 도시, 종교, 학교 모두 소속감이 없는 상태였다.

그렇다고 해서 이들이 사회적으로 완전히 고립되거나 주변부로 밀려난 사람이라는 뜻은 아니다. 사회적 배제나 소속 박탈을 경험한 이들이라고 보기란 더더욱 어렵다. 이들이 속한 가정은 일시적인 부침이 있을지는 몰라도 지속적인 경제적 어려움을 겪고 있던 것은 아니었다. 이들이 부모와 매우 유기적인 소통관계를 맺거나 부모로부터 매우 큰 영향을 받은 것은 아니었고 부모는 대부분 방임형에 가까웠지만, 가족이 1차 집단으로 기능을 하지 못한 것은 아니었다. 학교에서 교우관계의 어려움을 겪었을지라도 이들은 종교단체나 사회운동 단체들을 통해 대안적인 교우관계를 형성하고 있었다. 신천지 입교 이전의 이들은 어찌 보면 '평범한' 한국사회의 청소년이자 청년이었다. 이들이 속했던 집단과의 결별이라는 사건이 있긴 했지만, 그 역시 보통 사람들의 경험과 유리된 것이라 보긴 어렵다.

창조자로서의 이상, 입교 과정

신천지에 입교한 이들은 누구나 사회변동을 이끌어나가는 '창조자'로서의 이상을 지니게 된다.[8] 세계를 있는 그대로 받아들이는 것이 아니라, 임박한 세계의 종말과 소수에게만 주어지는 종교적 구원이라는 신천지의 종교적 교리를 받아들이고, 종교적 구원의 권한을 가진 집단인 신천지에 입교한 뒤 종교활동에 나선다. 이때 이들은 다가올 미래의 세계를 아는 소수의 사람이라는 자아정체성을 갖게 된다. 이에 기초하여 세계의 변화에 관한 사명감 역시 생겨난다.

모든 종교가 그런 것은 아니지만, 종교생활은 대체로 내세와 현세의 변증법 속에서 그 특징이 형성된다. 막스 베버(Max Weber)가 말한 프로테스탄티즘 윤리란 내세를 염두에 둔 현세의 행위였다. 혁명적 사회운동을 종교로 보자면 이는 내세라고도 볼 수 있는 이상적 세계를 현세에서 구현하기 위한 행위다. 신천지 입교자들은 2개월간 10회에서 12회에 걸친 교리 학습 과정인 '복음방' 단계와 6개월간 매주 4회씩 이뤄지는 종교 교리 학습 과정인 '센터' 단계를 지나면서 교리를 받아들인다. 이러한 과정을 거쳐 신천지는 현세 속에 구축된 내세이자 노아의 방주가 되고, 이들은 이 세계를 바꿔가는 존재로 스스로를 정의하게 된다.

입교는 주로 우연으로 시작된다. 자신들에게 매우 중요한 집단과의 결별을 경험한 시점에 신천지 포교자를 우연히 만나기 때문이다. A는 그 무렵 번화가 길거리에서 신천지 교인을 만났다. A는 종교 관련 스피치에 대한 평가를 해달라는 권유에 응하면서 자신이 삶과 죽음에 대해 지니고 있는 의문과 종교적 의문을 풀어냈고, 이윽고 종교적 교리 학습을 권유받았다. 그렇게 '복음방'이라 불리는 곳에서 교리 학습을 시작했다. C와 G는 각각 선배와의 매칭을 통한 멘토링을 제공한다는 단체에 연락처를 주고 '멘토'를 소개받았고, '멘토'의 권유로 '복음방'에서 교리 학습을 시작했다. E는 백화점에서 심리검사를 해준다는 대학원생의 권유를 받고 심리상담을 하다가 약 한 달 뒤 이른바 '위장교회'에 다니게 되었다.[9] F는 지하철역에서 봉사동아리 광고를 보고 그곳에 가입했는데, 이 동아리는 신천지가 만든 것이었다. 혼자 살면서 의지할 곳이 없다고 느꼈던 그에게 친구가 생긴 것이었고, 자연스럽게 그는 친구를 따라 복음방에 갔다.

또 다른 입교 유형은 원래 알던 친구로부터의 권유다. D는 활동 단체가 해산할 무렵 중고교 시절 가장 신뢰하던 친구를 만난다. 그로부터 직접적으로 신천지 교리에 대해 듣고 바로 입교를 결정한다. A는 B로부터 제안받아 교리 공부를 시작했다.

지그문트 바우만(Zygmunt Bauman)은 신자유주의적 전환 이후의 세계를 액체근대(liquid modernity)라 말하며, 불안정성과 유동성이 액체근대의 핵심 특성이라고 했다.[10] 이런 세계에서 개인화된 사람들은 자신의 삶에 관한 것들을 스스로 결정해야 하는 상황에 맞닥뜨린다. 그리고 시행착오가 생길까 불안해한다. 이러한 상황에서 불안을 줄이고자 하는 욕구는 자연스러운 것이다. 심리적으로 자신의 불안을 감소시켜보고자 하고, 친한 사람들로부터 심리적 위안을 얻고 싶어하기도 하며, 성공적인 라이프코스를 걷고 있는 이들과 같은 길을 걷고 싶어하기도 한다. 신천지는 바로 이러한 욕구를 공략하는 포교활동을 한다. C에 의하면 신천지는 포교를 원활히 하기 위해 포교 대상자보다 높은 사회적 지위 및 많은 종교 지식을 가진 이로 하여금 포교를 담당케 한다. 포교 대상자가 대기업에 취업하고자 한다면 대기업 입사를 앞두고 있거나 대기업에 다니는 이가 포교를 담당케 하는 식이다. 마땅한 이가 없으면 연기를 하기도 한다. 이로 인해 포교자는 포교 대상자의 '우위'에 서게 되고, 포교 과정에서 주도권을 쥐게 된다.[11]

신천지 경험자들은 최대 12회까지 이뤄지는 복음방 단계의 교리 학습 과정에는 큰 저항감이 없었다고들 말한다. A는 교리 학습이라고는 하지만 '상식적'인 이야기, 개신교인이라면 알 법한 이야기를 듣는다고 했고, C는 이 시기에는 개신교 교리와 유사한 부분을 학습한다고 했다.

하지만 '센터' 단계로 넘어가면 사정이 다르다. 이 단계의 교리 학습은 신천지에 입교할 이와 그렇지 않은 이를 갈라놓는 벽으로 기능한다. 일단 매회 2시간씩 주 4회, 6개월간 이뤄지는 교육은 그 자체로 경제적·시간적 여유를 갖추었을 뿐 아니라 헌신적으로 일할 의지가 있는 사람들을 거르는 기능을 한다. 포교 대상자를 섭외하는 과정부터 신천지는 정신적 어려움이 있는 사람이거나 장애인, 성소수자 등을 '부적합자'로 분류한다. 경제적으로 어려운 이들 역시 신천지 포교에서 기피 대상이다. E는 신천지 내부의 '지파'(종교적 행정구역) 중 서울 서남부에 자리한 '바돌로매 지파'가 가장 적은 인원수를 기록하는 이유가 지역의 경제적인 사정 때문이라고 말한다.

이 단계는 본격적인 신천지 교리 학습이 이뤄지는 시기다. 이에 따라 신천지라는 집단에 대한 거부감을 가진 이들이 떨어져나가거나, 반대로 신천지에 대한 거부감이 사라지는 단계다. 6개월간 지속되는 강의는 "명쾌한" 설명을 반복한다. 설명이 '명쾌한' 이유는 현세와 내세, 선과 악, 천사와 악마, 신과 사탄, 구원과 멸망 등 세계에 대한 이분법적 분류에 기초한 단순한 구도이기 때문이다. A는 이를 주입과 암기의 단조로운 반복이라고 표현했다. 여기에는 이전 종교의 영향도 있다. D는 이러한 교리가 자신에게는 너무 쉽게 받아들여졌다고 했다. 그전에 속해 있던 모임 역시 이러한 이분법에 기초해 세계를 해석했기 때문이다. C와 E 역시 그 명쾌함에 빠져들었다고 말했다.

윌리엄 토마스(William Thomas)와 플로리안 즈나니에츠키(Florian Znaniecki)는 개인들의 행동과 결정에 가장 중요한 요소를 상황 정의(definition of the situation)라 불렀다. 개인들은 자율적이지만 무조건 자기가 원하는 일을 하는 것이 아니라 자기 앞에 주어진 상황을 정의하고 그에 적절한 행동을 수행하게 된다는 것이다. 그리고 이러한 상황 정의에 기초한 행동이 연속되면서 개인의 생애를 만들어낸다.[12] 따라서 개인의 삶의 여정은 상황과 그에 대한 주체적 판단 사이의 변증법으로 구성된다.

신천지는 미리 상황을 만들어놓은 다음, 교리 학습을 하는 이들에게 주체적 상황 정의와 결정에 기초해 행동할 것을 요청한다. '복음방'부터 '센터' 단계 내내, 교리 학습

　박해남

자들은 자신과 마찬가지로 교리를 학습하는 다른 이들과 함께 수업을 듣는다. 하지만 그 다른 교리 학습자들은 이미 신천지에 입교한 신도들로, 포교의 실패 확률을 줄이기 위해 역할극을 하는 조력자들이다. 이들은 쉬는 시간에 교리 학습자에게 질문을 던져 교리와 교육에 대한 의견이나 의문을 취합해 상부에 보고한다. 그러면 교육 담당자는 미리 답변을 준비해 학습자의 의문을 해소해준다. 이러한 비대칭구조로 인해 교리 교육자는 교리 학습자에게 늘 준비된 답변을 할 수 있다.

이러한 상황 정의를 위해 마련된 또 하나의 장치는 상황 통제다. 즉, 교리 학습 사실을 주변과 공유하지 못하게 한다. 멘토링이나 심리상담 등의 단계에서는 "소수에게만 주어지는 혜택"이자 "규정에 없는 도움을 주는 것"이므로, 이후에는 사회적으로 낙인찍힌 종교로 오해받을 수 있으므로 상황을 공유하지 말 것을 주문한다. 실제로 상황을 공유하면 교리 학습을 중단할 가능성이 생긴다. 청소년기부터 사회운동에 몸담았던 B는 사회운동을 하는 동료들에게 교리 학습 사실을 알렸고, 그 주체가 신천지라는 사실을 듣자마자 학습을 중단한다.[13]

학습자가 교리를 내면화하는 것 같은 순간에 교육자는 자신의 종교단체가 신천지라는 사실을 알린다. 다수의 학습자들은 여기서 충격을 받는데, 이 종교집단은 개신교와 가톨릭 모두에서 주의 대상이고, 복수의 방송을 통해 사회적 물의를 일으키는 종교집단으로 알려져 있기 때문이다. 이때도 '정의된 상황'이 활용된다. A에 따르면 충격에 휩싸인 학습자 옆에서 동료 학습자는 "나도 충격적이지만 교리는 맞는 것 같다"고 말한다. 그리고 교육자는 학습자에게 교리를 기준으로 판단할 것을 요구한다. 이후에는 동료 학습자들이 신천지 신도였음이 드러난다. 이때도 학습자는 정신적 충격을 받게 된다. 항상 학습자를 설득하는 논리는 교리다. 교리는 진리이고, 교리에 따르면 내세는 임박했다. 임박한 내세 앞에서 중요한 것은 포교이지 현세의 도덕이 아니다. 이러한 논리에 기초해 신도들은 학습자를 속인 사람들이 아니라 학습자를 도와준 사람들로 정체화된다.

신천지가 현세의 도덕을 완전히 무시하는 것은 아니다. 교육 과정에서 신천지는 다른 종교, 특히 개신교의 문제점을 부각시킨다. 세간에 알려진 부패와 난맥상을 고발할 뿐 아니라, 일본제국주의에 협력했던 과거나 1980년 8월, 신군부를 지지하는 기도회를 열어주면서 독재권력에 협력했던 과거를 들춰낸다. B는 이러한 교육이 매우 매력적으로 다가왔다고 말한다. C에 따르면, 신천지 교육 당시 해당 종교 지도자는 매우 도덕적인 존재로 표상된다.

입교 과정은 주체와 상황 사이의 전도된 변증법으로 요약될 수 있다. 통제되고 정의된 상황 속에서 주체는 자

박해남

율적으로 상황을 정의할 것을, 그리고 교리를 중심으로 상황을 판단할 것을 요청받는다. 신천지는 상황에 종속되게 한 뒤 '주체적 결단'을 요청하는 것이다. 물론 완전한 주체적 결단도 있다. D는 처음부터 해당 종교단체가 신천지라는 것을 알고 찾아갔다. '복음방' 단계를 3번 만에 끝냈고, 스스로 주변과 상황을 공유하지 않았으며, '센터' 단계에서 이미 입교자가 되어 주요 행사에 참여했다.

이러한 주체적 결단의 반복은 토마스와 즈나니에츠키가 말한 '창조자'가 되는 과정이다. 신천지 신도가 되어 종교적 구원을 받은 소수로 자신을 재정의하며, 주변에 신천지 교리를 확산시킬 사명감을 갖게 된다. 신천지가 말하는 종교적 구원의 서사의 일부가 되어 세계를 변화시키는 존재로 자신을 재정의하게 되는 것이다. D는 신이 그토록 기다렸던 일이 자신을 통해 현실화되어간다는 사실에 매우 큰 종교적 열정을 지니게 되었다고 말한다.[14]

이민자라는 현실, 종교생활

막스 베버의 『프로테스탄티즘 윤리와 자본주의 정신』에 등장하는 프로테스탄트교도들은 종교적 구원의 여부를 잘 알지 못한다. 이들이 현세에서 종교적 구원을 확인하는 방법은 소명 또는 천직(vocation)을 성실히 수행하는 것이었다.[15] 이들에게 종교적 구원을 확인하는 영역은 현세 속의 일상생활이었다. 하지만 신천지 교리에 따르면 신도들은 일상 속에서 종교적 구원을 확인할 수 없다. 2010년대 들어 신천지는 자신들이 주장하는 구원 서사를 증명하는 수단으로 종교 건물과 집회, 이벤트 등을 활용하고 있다.

조직이 본격적으로 확장되면서, 신천지는 종교공간과 종교행사 모두가 '증표'가 되도록 만들고 있다. 대표적인 것이 건물이다. 대형 종교건물을 지을 뿐 아니라 내부 집회공간의 대형화를 선호한다. 종교집회에 참석한 신도들은 항상 같은 옷(검은 하의와 흰 상의)을 입고 오와 열을 맞춰 앉으며, 모자나 마스크를 착용하지 못한다. 거대한 건물은 신천지가 성장하고 있음을 보여주는 것이고, 질서와 열정이 공존하는 집회의 모습은 신국(神國)에 대한 하나의 스펙터클로 기능한다.

신천지는 '하늘문화세계평화광복'이라는 단체를 만들고, 2014년에 '종교대통합만국회의'라는 거대 이벤트를 개최했다. 그리고 세계의 종교를 통합하고 전쟁을 종식시키고 평화를 정착시키기 위한 국제법을 만들 것을 공언했다. 신도들은 이를 보며 신천지가 국제적인 지도력을 발휘하고 있다고 느끼며 종교적 구원의 서사가 현실화되고 있다고 판단하게 된다. E는 2014년 이벤트에 참여했고, 여기서 종교적 구원의 서사가 현실화되고 있음을 느꼈다고 한다.[16]

종교적 구원의 확인이 종교조직 내에서 이뤄지는 경

우, 신도들은 신천지 내부에서의 활동을 통해 구원을 확인할 수밖에 없다. 따라서 현세 속의 내세인 신천지로 '넘어가야'만 종교적 구원을 획득할 수 있다고 생각하게 된다. 신천지 신도가 된다는 것은 신국으로의 이민을 경험하는 것에 다름없다. 다음과 같은 몇 가지 요소들이 이러한 상황을 만든다.

첫째, 교리가 만들어내는 선민의식이 있다. B에 따르면 신천지 교리는 신도들에게 선민의식을 부여한다. 신천지 신도들 중 과업을 성실하게 수행한 일부는 인류 종말의 시기에 종교적 구원을 받게 될 것이며, 내세에서는 지위의 역전이 일어나 현세에서 부와 권력을 소유한 이들이 신천지 신도들 아래에 위치하게 될 것이라고 신천지는 가르친다. C는 이러한 교리가 기존의 교우관계를 변형시킨다고 말한다. 친구들을 자신보다 낮은 지위에 있는 사람들로 보이게 하며, 지속적인 교류의 필요성을 감소시키는 것이다.

둘째, 교리에 따른 포교활동이 있다. 일단 신천지에 입교한 후에 신도에게 주어진 가장 큰 의무는 포교다. 지역마다 다르지만, 보통은 1년에 한 명을 입교시켜야 한다.[17] 앞서 살펴본 것처럼 포교는 심리상담, 멘토링, 봉사활동 등 다양한 방식으로 익명의 사람들에게 접근하는 방식, 자신이 알고 있던 주변의 지인들에게 접근하는 방식이 있다. 지인들을 향한 포교에 실패하면 교류는 끊기게 된다. A와 B 역시 잠시 교류관계가 단절되었다.

셋째, 교리의 내면화를 통한 도덕의 전복이 있다. 일단 교리를 내면화하고 주체적 결단을 반복한 학습자는 교리에 기초해 현세의 도덕을 전도시킬 수 있게 된다. 내세를 위한 윤리 앞에서 현세의 도덕은 의미를 상실한다. 예를 들어, 신천지 입교 과정은 많은 시간을 들여야 하기에 신천지 교도로서의 활동은 언젠가 가족에게 알려지게 되어 있으며, 사회적 낙인으로 인해 가족과의 불화를 경험할 가능성이 있다. 이 때문에 C와 E는 가족과의 불화를 무릅쓰다 자취생활을 시작했고, D는 부모님을 속이며 종교생활을 지속했다. 신천지 활동은 가족과의 교류를 줄이며, 입교자는 심한 경우 '신변보호요청서'를 통해 가족의 공격이 있을 때 자신의 신변을 신천지가 보호해줄 것을 의뢰한다.

넷째, 신천지의 조직적 특성이 있다. 대개 사회조직의 신입들은 조직에 들어온 후 일정 기간을 주변적 존재로 머무르며 다른 구성원들로부터 신뢰를 얻는 과정을 거친다. 그러고 난 후에 조직 내에서 일정한 권위를 획득하고 말단이나마 조직의 리더가 되는 것이 일반적이다. 신천지는 반대다. 입교 순간부터 말단 조직의 리더십을 담당하는 사람이 된다. 종말이 임박했으므로 모두가 일을 해야 한다는 점, '먼저 된 자가 나중 된다'는 성서의 구절 등이 이러한 독특한 조직구조를 정당화한다. 리더의 임기 역시 일정하지 않

박해남

다. 그래서 단시간 내에 여러 가지 일을 경험하게 된다.

A는 전도팀장과 전도 데이터 담당자, 회계 담당, 섭외 팀장 등을 맡았다. C는 어려서부터 배운 영어를 활용해 국제부라는 곳에 갔다. 국제부는 앞서 말한 '하늘문화세계평화광복' 활동을 다른 나라 사람들에게 홍보하고, '종교대통합만국회의' 같은 이벤트에서 통역을 수행하는 일을 한다. F 역시 어린 시절 배운 중국어와 일본어를 활용해 국제부에서 일하면서 각종 문서와 영상을 번역하는 일을 했고, 후에는 서무 일도 했다. D는 교육부장, 공연예술과장, 치어리더 교관, 찬양팀 팀원, 새신자팀 팀장 등으로 일했다. '센터' 세 곳을 관리하기도 했다. E는 부구역장과 새신자부를 맡았다.

입교하는 순간 말단 조직의 리더가 되고, 단시간 내에 여러 가지 일을 맡게 되는 독특한 구조를 달리 해석하면 '무한경쟁'이다. 특히 2010년대 중반을 넘어서며 신천지의 신도 수는 '예정된' 종교적 구원의 숫자인 14만 4천 명을 넘었다. 그 후로는 신도들 사이에서 구원을 둘러싼 경쟁을 해야만 하는 상황이 되었다. 종교적 구원을 조직 내부에서 확인해야 하므로, 종교조직 내부 활동에서 성과를 내야 한다. 그러한 활동에서 성과를 내지 못하는 것은 자칫 종교적 구원으로부터 멀어질지도 모른다는 공포심을 자아낼 수 있다.

연구에 참여한 이들 모두가 한결같이 말하는 종교생활

의 특징은 '과로'다. A는 신천지에서 일하는 동안 "첫차 타고 나와서 막차 타고 들어가는" 생활을 반복했다. C는 학업과 신천지 일을 병행하면서 "잠을 거의 못 잤고", 휴학을 권유받아 휴학 후 신천지 일에 몰두했다. 가까운 이들의 죽음에도 조문보다 종교활동을 우선할 정도로 몰두한 결과 지병까지 얻었다. D 역시 수면시간을 최소화하고 이동시간마저 종교활동에 사용한 결과 입교 2년 후부터 몸이 안 좋아지기 시작해 지병이 생겼다. 결국 입원을 했지만, 신천지로부터 돌아오는 것은 비난이었다. E는 대학원 생활과 신천지 일을 병행하기가 어려웠고, 1년 6개월이 지나자 번아웃이 왔다.

이들은 입교와 더불어 현세의 다양한 문제로부터 자유로운 이상적 공간을 꿈꿨다. 불평등과 불안정으로 가득한 '헬조선'과 다른 공간을 그렸다. 신도들이 믿고 있는 '신천지'란 '헬조선'의 계급구조가 무화되고 종교를 기준으로 계급구조가 재구성되는 공간이라고 할 수 있다.

하지만 신천지는 현세로부터 자유로울 수 없다. 특히 '헬조선'이라 불리는 한국사회에 존재하는 불평등 구조로부터 벗어날 수 없다. 신천지는 장애인과 소수자를 포교 단계에서 배제한다. 6개월간 주 4회 이뤄지는 교리 교육은 경제적인 뒷받침이 없거나 시간적인 여유가 없는 이들을 '걸러내는' 기능을 한다. 이후의 종교생활 역시 마찬가지다. 하

박해남

루 거의 모든 시간을 종교활동에 할애해야 하므로 경제적인 뒷받침은 필수적이다.[18]

나아가, 신천지는 사회적 상류층과 경제적 부유층을 배려한다. A에 따르면 신천지는 부유하지만 종교활동을 할 시간이 없는 이들을 찾아가는 '복음방'과 '센터'를 운영하고, 일대일 교육을 하며, 입교에 필요한 교육시간을 줄여준다. 그리고 종교시설 운영에 필요한 자금을 상당수 지원하는 등의 공헌을 하는 이들에게는 확실한 구원이 주어진다는 것을 암묵적으로 표현한다. F는 일본어와 중국어에 능통해 번역 일을 맡았기 때문에 모든 신도의 의무인 포교를 면제받았다. A에 따르면 포교를 위해 '정의된 상황'을 만드는 일에 보통은 4~5명이 가담하지만, 상류층을 신도로 만들 때에는 그 수가 더 늘어난다.

또한 신천지는 상명하복식 조직문화라는 특징이 있다. 종교활동에 관한 모든 사항은 체계적으로 상부에 보고되어야 하고, 상부로부터 주어지는 명령을 착실히 수행할 때 신도들은 내부 리더로 계속 활동할 수 있다. 입교 선후관계에 따른 '군기'도 존재하며, 실적이 나쁘면 체벌이 가해지기도 한다. 개인보다 조직을 우선할 것을 강요받기도 한다. 지역마다 다르지만 내부 연애는 일정한 나이가 되어야만 할 수 있다. C는 서울 유명 대학에 입학 허가를 받았지만, 신도 수가 부족하니 대구를 떠나지 말라는 강요에 입학을 포기했다. E는 해외 출장 중에 종교행사에 반드시 참석할 것을 강요받아 거액을 지불하고 유럽 내 다른 도시에 소재한 신천지 교회를 찾아가야 했다. G는 종교활동을 하는 동안 고향을 한 번도 방문하지 못했다.

신천지는 청년들의 과로를 바탕으로 운영된다. 한국은 압축적 근대화 과정에서 저임금 장시간 노동이 제도적으로 강제되다시피 한 역사가 있다.[19] 그리고 신자유주의 체제 정착 이후 노동의 유연화와 불안정성이 확산되면서 자발적인 과로가 일상화되었다.[20] 청년세대의 경우 미래를 위한 준비라는 명분으로 과로를 권장하거나 미덕으로 여기고 있는 것이 현실이다.[21] 이와 마찬가지로 신천지에 몸담은 청년들도 구원을 둘러싼 무한경쟁 속에서 청년의 미덕으로 열정을 권유받으며 일상적인 과로에 시달린다.[22]

신천지에 입교한 이들은 불평등과 불안정성으로 가득한 '헬조선'과 다른 공간을 꿈꾼다. 종교를 통해 불안정의 문제를 해결하길 원하고, 한국사회의 계급구조를 재구성하기 원한다. 신국의 엘리트를 꿈꾸는 것이다. 하지만 이들이 활동하는 현세 속의 내세, 이민을 간 신국에서 무한경쟁과 일상화된 과로에 시달린다. 회의를 거듭한 끝에 이들은 자신이 신국의 이민노동자임을 발견한다.

박해남

고국 귀환, 탈퇴

조직에 대한 회의에도 불구하고 신도들은 일단 종교생활을 지속한다. 이들을 붙잡아두는 요인 중 하나는 교리다. C는 조직에 대한 회의가 계속 드는 가운데, 종교적 구원에 대한 확신을 얻고자 다시 한 번 '센터'에서 교리 학습을 했다. E는 2년간 조직에 회의감이 들었지만 종교생활을 지속했고, 조직을 개혁해야겠다는 열의를 품은 적이 있었다. 종교생활을 지속하게 하는 또 다른 요인은 '증표'다. 신천지는 종교적 구원의 '증표'가 종교조직 내부에만 존재하기 때문에 조직의 성장이나 영향력 확대를 구원 서사가 현실화되는 증거로 해석한다. A에 따르면, 조직에 대한 회의에도 불구하고 신도 수가 증가하는 모습을 보며 종교적 구원의 서사가 대체로 현실화되고 있다는 생각에 조직을 탈퇴하지 못하는 이들도 있다. 하지만 교리나 증표에 대한 종교적 신뢰에 금이 가는 경우, 신도들은 탈퇴를 결심하게 된다. 이는 역설적으로 상황의 전환 때문이다. 즉, 신천지 종교조직으로부터의 물리적 및 정신적 분리가 교리에 대한 회의와 탈퇴의 동기를 제공한다.

A는 친구 B를 전도하려다가 실패하면서부터 조직에 회의감이 들었고, 군대에서 교리에 대해 회의하기 시작했다. G 역시 입대 후에도 종말이 도래하지 않는 것을 보며 교리에 대한 회의가 들기 시작했다.

F는 휴학 후 고향으로 향했다가 다시 대학이 소재한 대도시로 왔다. 하지만 신천지의 철저한 행정 처리는 역설적으로 그로 하여금 6개월간 무교적자가 되게 했다. 그는 조직으로부터 분리되어 활동을 하지 않았고, 이윽고 교리에 대한 종교적 신뢰 역시 흔들렸다. 그리고 조직이 금지하는 인터넷 검색을 통해 신천지에 대한 비판적 기사들을 접했다. 마침 지병이 찾아왔고, 치병을 핑계로 그는 발길을 끊었다. E는 교리에 대한 신뢰 때문에 조직에 남아 있었다. 그는 신천지 조직을 개혁하기로 마음먹고 조직의 리더들과 싸우기 시작했다. 하지만 인터넷 검색과 학습을 통해 신천지 조직과 교리에 대한 비판을 접하자 생각이 바뀌었다.

C는 부모님의 권유로 개신교 계열에서 운영하는 '이단상담소'라는 곳에 들어갔다. 이곳은 신천지 내부에서 가장 경계하는 곳으로, 신천지 신도들은 절대로 가지 않으려 하는 장소다. 하지만 가족은 C에게 매우 헌신적이었다. C는 어머니와 서로 부탁을 들어주기로 합의했고, 어머니가 먼저 신천지 교리 교육을 받았다. 교리 교육 강사가 어머니에 대한 포교를 중단하자, 그는 이단상담소에서 교육을 들었다. 그러고는 탈퇴를 결심한다.

유일하게 예외적인 사례는 D였다. 그는 교리나 조직에 대한 회의가 전혀 없었다고 말한다. 이단상담소에 갈 때에도 상담소 내부 정보를 신천지에 넘길 마음을 먹고 있었을

박해남

정도였다. 하지만 반복되는 교육 속에서 교리에 관한 신뢰가 무너지자 엄청난 정신적 충격을 받고 탈퇴를 결심한다.

신천지 활동은 최소 2년 정도의 일상적 과로를 필요로 한다. 그로 인해 대학이나 직장 생활 등의 라이프코스는 유예되거나 정지되는 경우가 많다. C는 신천지 활동을 하면서 세 개의 대학을 다녔지만, 어느 곳도 졸업하지 못했다. D는 신천지 탈퇴 이후에 다시 대학에 진학했고, 10대 때의 고민을 20대 후반에 가서야 다시 시작했다. 이렇듯 신천지 활동은 라이프코스에 큰 흔적을 남기는 듯하다. A는 종교 활동으로 인한 시간의 "낭비" 때문에 교리에 집착하는 이들이 있다고 말한다. 한국사회에서의 삶을 포기하고 이민한 신국인 만큼, 기대만큼의 성공 없이는 귀국할 수 없다고 생각한다는 것이다.[23]

이들에게 신천지 탈퇴란 단순한 개종 이상의 것이다. 신국으로부터 빈손으로 귀국한 이들에게 기다리고 있는 것은 낯선 고국이다. 이들은 고국에서 살아가는 법을 새로이 배워야 하는 상황에 놓인다. D는 신천지를 탈퇴하고 나서 한국사회를 살아가는 방법을 다시 배워야 했다. 스무 살부터 쉼을 허용하지 않는 신천지에서 종교활동을 했기 때문에 여행을 포함해 여가 시간을 보내는 방법을 알지 못했다. 포교를 위해 배운 심리분석법에 따라 사람을 범주화하고 도구화하는 시각이 몸에 익어 사람을 있는 그대로 보는 법조차 새롭게 배워야 했다.

　또한 신천지로부터 탈퇴한 청년들은 사회적 고립을 경험한다. C는 탈퇴 이후 자신이 종교적 속임수에 넘어갔다는 생각이 분노로 바뀌었고, 이를 주변 사람들에게 표출했으며, 그로 인해 사회적 관계의 단절을 경험했다. D는 자신이 친구들에 비해 사회적으로 낙오되었다는 생각 때문에 스스로 사회적 관계를 단절했다. 이들은 가족과도 관계가 원만하지 못하다. 탈퇴 후 부모들은 대개 종교활동으로 유예되고 정지된 진학과 취직 등의 라이프코스를 빠르게 따라잡을 것을 요구한다. 종교활동에 보여주었던 열정을 진학 혹은 취직을 위해 쏟기를 원한다. 하지만 일상화된 과로를 반복했던 탈퇴자들은 그러한 열정을 내지 못한다. 종교활동과 관련된 노동은 가까운 시기에 종말이 온다는 것을 전제로 고강도로 이뤄졌다. 그로 인해 신체적으로도 지쳐 있고 심리적으로도 트라우마가 생겼다. 무엇보다도 이제는 몇 년이 아닌 몇십 년을 살아가야 한다는 생각에 탈퇴자들은 전과 같은 에너지를 쓸 수 없게 된다. 이는 탈퇴자들로 하여금 가족과의 불화를 경험하게 한다. 그리고 탈퇴 이후에 관계가 단절되면 더 큰 고립감으로 다가온다. 이민과 더불어 사회적 관계의 단절을 경험하는 것과 귀국 이후 사회적 관계의 단절을 경험하는 것은 질적으로 전혀 다르다. 이들은 자신들의 경험을 나누고 서로를 지지해줄 모임을 찾

　　　　　　　　　　　　　　　　　박해남

기도 어렵다. 탈퇴자들이 모여 있는 이단상담소가 그런 기능을 할 수 있지만, 일부 이단상담소는 비용을 요구하기도 한다. 경제적인 어려움을 지닌 탈퇴자들은 자신의 과거에 대한 상처를 돌보지 못한 채 일터로 나서야 한다. G는 위장 탈퇴자에 대한 우려 때문에 다른 탈퇴자를 만나거나 모임을 만들 수 없다고 말했다.

이처럼 신천지 종교활동 경험은 사회적 낙인이 된다. 이단상담소를 통해 탈퇴자 커뮤니티를 형성하고 있는 C와 D는 탈퇴자들끼리 연애를 하는 비율이 높다고 말한다. 이들이 자신의 과거를 이해해줄 것이라는 생각 때문이다. D는 신천지 활동이 문제가 되어 연인이나 결혼 상대와의 이별을 경험하는 경우가 적지 않고, 이러한 사회적 낙인에 대한 우려로 신천지 활동을 철저히 숨기고 싶어한다고 증언했다. 또한 20대 후반에 탈퇴한 여성들의 경우 사회에 복귀하는 수단으로 결혼을 택하고, 이를 위해 자신의 종교 이력을 숨기려는 경향이 크다고 말한다. 연구에 참여한 여성이 적은 이유도 여기에 있다.

남성이라고 해도 다르지 않다. 경제적인 뒷받침이 되는 탈퇴자라면 개종하자마자 유학을 가 단절된 라이프코스의 공백에 색을 덧입힐 수 있지만, 그렇지 않다면 모든 것을 다시 시작해야 한다. 어떤 이들은 모든 종교활동을 포기해 종교생활을 했던 과거를 부정한다. E는 일부 신천지 탈퇴자들이 최인훈의 소설 『광장』처럼 제3세계를 가다가 자살하는 주인공 이명준과 같은 삶을 택한다고 말한 바 있다. 그는 모든 형태의 종교생활과 거리를 둔다는 뜻에서 이 구절을 사용했지만, C와 D는 실제로 자살을 택한 탈퇴자 역시 있을 것이라고 말했다.

코로나와 신천지, 그리고 한국사회

한국의 코로나19 확진자 수와 관련해, 가장 많은 비율을 차지하는 것은 신천지 관련 확진자로 총 5,016명이다. 세대로 보자면 20대가 2,967명으로 가장 많다.[24] 이러한 통계를 통해 우리가 유추할 수 있는 것은, 신천지에 몸담은 청년 사이에 대대적인 확산이 있었다는 사실이다.[25] 왜 신천지, 청년이었을까?

코로나19는 사회적인 불평등을 드러낸다. 모든 이들이 같은 확률로 감염되는 것이 아니기 때문이다. 청도 대남병원이나 구로 콜센터 사례에서 드러나듯, 사회의 기층에 가까울수록 코로나에 걸릴 확률은 높아진다. 이들은 상대적으로 낮은 면역력을 지녔고, 밀집된 환경에 있을 확률이 높기 때문이다. 신천지, 청년의 집단감염 역시 유사한 측면이 있다. 신천지 입교자들은 경제적으로는 기층과 거리가 있다. 하지만 일상화된 과로에 노출되어 있다는 점에서 다른 집단보다 낮은 면역력을 지닐 확률이 높다.

박해남

신천지라는 종교조직은 매우 독특하다. 코로나19 집단감염이라고 하는 매우 특수한 상황도 경험했다. 우리 사회에서 신천지는 가장 큰 낙인의 대상 중 하나가 되어 있다. 사람들은 일반적으로 독특한 정신적·심리적 속성을 지닌 이들이 신천지라는 종교집단에 빠질 것으로 가정한다. 하지만 이 글에서 살펴본 것처럼 이들에게서 입교 이전에 특별한 내적인 소질이 발견되지는 않았다. 가족이나 학교에서 갈등과 상처를 겪은 이들도 있지만, 이런 경험은 우리 사회에서 일반적인 일이다. 미래에 대한 불안감에 기초해 확실성을 추구하려는 성향. 현재 사회에 대한 불만과 이를 바꾸려는 마음. 더 나은 지위를 위한 사회적 자본 만들기. 이 모든 것이 한국 젊은이들에게는 나타나는 일반적인 속성이다. 다만, 이들은 비범한 상황 속에 우연적으로 놓여 있었다. 자신들이 소속감을 갖고 활동하던 조직과 결별하거나 시골에서 대도시로 이주하는 경험에 신천지라는 종교를 접하게 되는 경험이 중첩되었고, 이 종교조직의 특성(상황 통제, 정의된 상황 만들기, 무한경쟁 등)이 이들에게 비범한 경험을 제공한 것이다.

신천지의 종교조직적 특성은 한국사회가 지니는 여러 특성들과 무관하지 않다. 신천지는 '헬조선'이라 불리는 한국사회의 불평등과 불안정 위에서 성립되었다는 말이 과언은 아니다. 단순히 청년들이 '헬조선'이 싫어 떠났다는 이

4 신천지

야기가 아니다. 한국사회의 구조와 신천지의 종교조직적 특성 사이에 연결고리가 있다는 것이다. 한국사회의 무한경쟁은 신천지 내부의 무한경쟁에 대한 문제의식을 둔감케 한다. 신천지 청년들의 일상적 과로는, 젊은 날의 과로를 미덕으로 여기는 한국사회의 문화 위에 자리를 잡은 것이다. 불안정과 불평등, 연대와 안전망의 부재 속에서 청년들에게 '미쳐라'를 주문처럼 외우는 것이 한국사회다.[26] 신천지 청년들이 학업이나 취업을 명분으로 내세우는 경우, 가족은 하루 14~16시간의 외출을 별다른 문제 제기 없이 넘길 공산이 크다.

코로나19와 신천지 집단감염은 우리 사회에 중요한 과제를 던져주고 있다. 조직으로부터의 탈퇴에 앞서 경험자들은 조직으로부터의 분리를 경험했다. 코로나19 이후 정부와 지방자치단체들은 신천지 종교집회를 금지했고, 법인을 취소한 곳도 있다. 이러한 종교조직과의 분리 상황은 평소에 종교에 대한 회의를 품고 있던 신도들을 중심으로 탈퇴 확률을 높일 것이다. 내부에서는 약 30%의 탈퇴자가 생겼다는 이야기가 있다. 적지 않은 수다. 헬조선이 싫어 신국으로 이민을 간 수만 명이 다시 헬조선으로 귀국한 것이다. 이제 이들은 고립 및 낙인 속에서 한국사회의 일원으로 살아가는 데 필요한 것들을 다시금 익혀나가야 한다. 이들에 대한 낙인은 답이 아니다. 종교집단에 대한 낙인은 해당

　　　　　　　　　　　　　　　박해남

종교집단으로의 입교를 방지하겠지만, 동시에 해당 종교집단으로부터의 자유로운 탈퇴를 막는 효과도 지닌다. 낙인은 절반 이상의 답이 되기 어렵다.

종교의 선택은 개인의 자유다. 하지만 탈퇴를 선택한 이들에 대해 우리 사회가 책임감을 보일 필요가 있다. 앞서 말한 것처럼 한국사회라는 토양 없이 신천지 특유의 종교생활은 형성될 수 없기 때문이다. 이들이 사회적 고립과 낙인 속에서 사회로부터 배제되지 않도록 해야 할 과제와 사회적 관계를 회복하고 라이프코스를 만회해 순조롭게 사회로 복귀할 수 있도록 해야 할 과제가 우리에게 주어져 있다. 나아가 열정이라는 이름으로 청년에게 권유되는 자기착취적인 노동을 줄이고 과로사회와 결별할 필요도 있다. 이는 더 나은 사회를 만드는 것뿐 아니라 더 나은 종교를 만드는 길이기도 하다.

주

1   「'코로나19' 확산 발화점 '신천지'는 어떤 교단?」, 『한겨레』, 2020. 2. 21.

2   「"신천지 60%가 20대"… 청년들은 왜 신천지에 끌릴까」, 『중앙일보』,
    2020. 2. 28.

3   「신천지와 '전면전' 선포한 CBS·국민일보」, 『미디어오늘』, 2020. 3. 3.

4   고전사회학자 게오르그 짐멜(Georg Simmel)은 대도시의 가장 중요한 특
    징 중 하나로 높은 인구 밀도와 활발한 상호작용을 들고 있다. 이에 관해서
    는 다음을 참조하라. 게오르그 짐멜, 「대도시와 정신적 삶」, 『게오르그 짐멜
    의 모더니티 읽기』, 김덕영 옮김, 새물결, 2005, 35~54쪽.

5   신천지에 관한 기존 연구로는 신천지로의 개종과 신천지로부터의 재개종을
    합리적 선택이론에 기초해 분석한 연구, 신천지 경험을 지닌 탈퇴자를 근거
    이론에 기초해 분석한 연구가 한 편씩 있다. 다음을 참조하라. 이정은, 「신천
    지와 기성교회의 보상-교환 체계 비교 연구: 개종과 재개종 간증문을 중심
    으로」, 『종교와 문화』 29호, 2015, 153~184쪽; 강신유, 『신천지 교도의 이
    단경험과 탈퇴 과정에 관한 연구』, 평택대학교 신학전문대학원 박사학위논
    문, 2010.

6   이러한 결정을 내린 것은 신천지가 현재 사회적 낙인의 대상이 되어 있다는
    판단과 낙인의 대상이 된 집단에 대해 해석학적 이해가 유효하다는 판단 때
    문이었다. 사회학의 역사 속에서, 특히 19세기 말 20세기 초의 사회학 발전
    에서 사회적 낙인 집단에 대한 조사는 매우 중요한 부분이었다. 이 시기 시
    카고를 포함한 미국 중서부에서 활동한 사회학자들은 사회적으로 낙인화된
    이들을 조사하는 한편, 게오르그 짐멜이나 막스 베버 등 독일의 해석적 사회
    학 전통을 수입해 조사 결과에 적용한 바가 있다. 시카고의 이민노동자들의
    생활 상태를 조사한 제인 애덤스(Jane Addams)와 플로렌스 켈리(Florence

Kelly), 필라델피아 흑인들의 생활 상태를 조사한 두보이스(W. E. B. Du Bois), 폴란드 이민자들의 삶을 추적한 윌리엄 토마스와 플로리안 즈나니에츠키 등의 사회학자들의 작업이 이에 해당한다. 이들의 작업은 제이콥 리스(Jacob Riis) 같은 탐사 기자들의 활동과 더불어 이민자 및 유색인종 집단에 대한 당대의 낙인과 편견을 비판하는 데 큰 영향을 미쳤다. 독일의 사회학자 막스 베버 및 마리안네 베버 부부가 1904년 세인트루이스 박람회에서의 강연을 위해 미국을 방문했을 당시 만난 미국의 사회학자들 역시 이들이었다. 또한 미국 사회학의 전통 수립에도 큰 기여를 한 것으로 평가받는 이들이기도 하다. 제인 애덤스와 플로렌스 켈리, 두보이스, 윌리엄 토마스와 플로리안 즈나니에츠키 등의 작업에 관해서는 다음을 참조하라. Jane Addams et. al, *Hull-House Maps and Papers: A Presentation of Nationalities and Wages in a Congested District of Chicago, Together with Comments and Essays on Problems Growing Out of the Social Conditions*, University of Illinois Press. 1895(2007); W. E. B. Du Bois, *The Philadelphia Negro: A Social Study*, University of Pennsyvania Press, 1899(1995); William I. Thomas and Florian Znaiecki, *The Polish Peasant in Europe and America*, Gorham Press, 1918~20; Aldon D. Morris, *The Scholar Denied: WEB Du Bois and the Birth of Modern Sociology*, University of California Press. 2015.

제이콥 리스의 작업, 막스 베버의 미국 여행, 이들 사회학자들이 미국사회학에 미친 영향에 관해서는 각각 다음을 참조하라. 제이콥 리스, 『세상의 절반은 어떻게 사는가』, 정탄 옮김, 교유서가, 2017; Lawrence A. Scaff, *Max Weber in America*, Princeton University Press, 2011; Michael Gordon, "The Social Survey Movement and Sociology in the United States," *Social Problems* 21(2), 1973, pp. 284~298.

7   Georg Simmel, "Exkurs über den Fremden," *Soziologie. Untersuchungen über die Formen der Vergesellschaftung*, Duncker & humblot, pp. 509~512.

8   윌리엄 토마스와 플로리안 즈나니에츠키는 개인들이 사회 조직의 규제에 대한 개인들의 반응을 토대로 인간 유형을 분류했다. 사회적 규제를 대체

로 수용하고 안정을 추구하는 속물(Philistine), 미확정적인 다양한 계획 속에서 사회적 규제에 반항하는 보헤미안(Bohemian), 사회적 규제를 신중히 거절하고 목표를 세워 사회 변동을 이끌어가는 창조자(Creative man)가 그것이다. 이에 관해서는 다음을 참조. William. I. Thomas and Florian Znaniecki, *The Polish Peasant in Europe and America*, Gorham Press, 1919, pp. 1855~1861.

9   개신교인들을 포교하기 위해 일반 개신교회처럼 꾸며놓은 종교시설이다. 이곳에 다니는 것은 '복음방'과 '센터' 이전 단계에 해당한다.

10   지그문트 바우만, 『액체근대』, 이일수 옮김, 강, 2009.

11   신천지 내부에는 포교 대상자에 대해 '육우신우'라는 원칙이 존재한다. '육적 우위, 신앙적 우위'의 줄임말인 이 개념은 현세 사회의 기준에서나 종교적 기준에서나 포교자가 대상자보다 우위를 차지해야 함을 의미한다.

12   Thomas and Znaniecki, 앞의 책, p. 68.

13   학습자가 학습을 중단하는 경우 1회 정도의 '정의된 상황'이 다시 한 번 만들어진다. 우연을 가장해 학습자에게 접근한 뒤 '학습을 중단할 경우 문제가 생길 것'이라는 메시지를 전한다. B는 이것이 A가 꾸민 일이라는 것을 알고 있었기에 탈퇴했다. C는 그러한 메시지를 받은 이들에게 '문제'를 일으키는 역할을 맡은 바 있는데, 그 역할이란 뒤통수를 세게 때린 뒤 "죄송합니다. 친구인 줄 알았습니다"라고 말하며 지나가는 것이었다.

14   이는 1980~90년대 한국에서 가장 큰 규모의 학생운동 및 사회운동 집단에서 활동가를 만들어내는 모습하고도 유사성을 지닌다. 학생운동에 활발히 참여했던 부친을 두고 스스로도 다양한 사회운동에 참여했던 B는 광주·전남지역의 경우 학생운동 경험자들이 신천지에서 중요한 역할을 하고 있다고 주장한다. A는 신천지를 고발한 방송국 앞에 항의 집회를 갔을 당시, 같이 참가한 이들이 과거 학생운동 경험을 이야기하는 것을 들을 수 있었다고 증언한다. 연구자가 D에게 1980~90년대 학생운동에 대해 말해주자 "그 자체로 신천지"라고 답했다.

15   막스 베버, 『프로테스탄티즘 윤리와 자본주의 정신』, 김덕영 옮김, 길, 2010.

16   이는 북한에서 아리랑 축전이라는 극장적 스펙터클을 활용하는 방식과 유사하다. 아리랑 축전은 제국주의 및 식민주의와 싸우는 북한, 그리고 유격대

로부터 시작해 이를 지속적으로 지도하는 카리스마적 지도자 가문이라는 내러티브를 보여준다. 권헌익·정병호는 이러한 극장적 스펙터클이 일상보다 훨씬 중요한 과제가 존재하는 세계를 그려냄으로써, 과제를 수행해나가는 지도자 가문의 카리스마를 유지하는 동시에 세속화와 일상화를 방지하는 효과를 지닌다고 말한다. 신천지의 극장적 스펙터클 역시 세계 평화라는 과제 및 이를 수행하는 지도자를 그려낸다는 점에서 카리스마를 보여주는 장치로 기능한다고 볼 수 있다. 이와 관련해 다음을 참조하라. 권헌익·정병호, 『극장국가 북한』, 창비, 2013.

17 신천지는 전국을 열두 개 구역으로 나누어 관리하는데, 각 구역을 '지파'로 부른다. 그런데 이 '지파'에는 인원 차이가 존재한다. 예를 들어 광주는 3만 명이 훌쩍 넘는 대규모 인원으로 구성되어 있지만, 수도권 서부는 5천 명이 채 안 된다. 이 인원 차이에 따라 포교대상 인원이 달라진다. 연구 참여자들에 따르면 광주는 평생 1인만 입교하도록 하면 된다. 부산도 이미 인원이 많아 포교에 관한 압박이 크지 않다. 반면에 대구는 얼마 전까지 다른 지역에 비해 인원이 적었고, 1년에 두 명 이상을 입교시켜야 했다.

18 2010년에 탈퇴자들을 대상으로 연구를 수행한 연구자 역시 자신의 연구에 참여한 이들이 모두가 대졸자 이상임을 들어 "저학력자가 거의 없다"고 단언한다. (강신유, 앞의 책, 34쪽.)

19 김영선, 「발전국가시기 작업장의 시간정치: 노동시간 및 작업시간에 대한 분석」, 『여가학연구』 8(1), 2010, 1~25쪽.

20 김영선, 「경제위기 이후 노동시간의 유연화에 따른 일상 및 여가 시간표의 변화」, 『여가학연구』 5(1), 2008, 101~120쪽.

21 최태섭 외, 『열정은 어떻게 노동이 되는가』, 웅진지식하우스, 2011.

22 거대한 규모의 집단 구성원들의 속성을 파악하기란 쉬운 일이 아니며, 통계를 내기란 사실상 불가능하다. A와 E는 내부에 다양한 사람들이 있다고 말한다. A는 신도들 중 상당수가 2년간의 과로 끝에 소극적인 종교생활로 돌아가며, 신천지는 1~2년차의 적극적 종교인들과 3~5년차의 소극적 종교인들로 구성된다고 한다. E는 신천지에 세 가지 부류의 사람들이 있다고 한다. 교리에 대한 종교적 신뢰와 조직에 대한 만족을 바탕으로 적극적인 종교생활을 유지하는 사람, 조직에 대한 불만족은 있지만 교리에 대한 종교적 신

뢰로 인해 소극적인 종교생활을 지속하는 사람, 현세에서의 지위로 인해 소극적인 종교생활을 하면서도 별다른 불만이 없는 사람. 이 연구에 참여한 이들 역시 세 부류로 나눌 수 있었다. A, C, E, F는 입교 2~3년 후에 조직에 대한 회의를 느끼고 소극적인 종교활동을 시작했다. G는 입교부터 탈퇴까지 소극적인 종교생활로 일관했으며, D만이 적극적인 종교활동을 지속했다.

23 소극적인 종교생활을 지속한 G만이 유일하게 라이프코스의 정지를 경험하지 않았다.

24 2020년 5월 8일 질병관리본부 보도자료.

25 「코로나19 확진자 29%가 20대…"신천지 젊은 여성 비중 높은 영향"」, 『한겨레』, 2020. 3. 2; 「확진자 30%가 20대…그들은 왜 신천지에 빠졌나」, 『노컷뉴스』, 2020. 3. 3.

26 교보문고 검색결과에 따르면 "○○에 미쳐라"라는 제목으로 판매되고 있는 책은 현재 총 119종이며, 그중 "20대 ○○에 미쳐라"라는 제목을 지닌 책은 19권이다. 청년에게 열정을 넘어 과로를 권하는 것이 한국사회임을 보여주는 대목이다(2020. 5. 8).

박해남

5 돌봄

인류 살리기로서의 돌봄에 대한 상상 오하나

사회적으로 고립감을 느끼고 돌봄이 온전히 개인의 경험이었던 '엄마'는 상상해본다. 이런 '연결되어 있음'이라는 감각이 돌봄을 다시 인식하게 만든다면, 나 역시 사회적 존재로 살아 있을 것 같다. 아이가 건강한 사회에서 자랄 수 있을 것 같다. 당신이 건강한 사회에서 나이 들 수 있을 것 같다. 당신이 건강해야 내가 건강하다. 당신도 아이를 기른다.

여성의 신비[1]

우리 인구는 2백만이 겨우 넘는다. 당신들 시대에서 머지 않아서 전 세계에 전염병이 돌았다. 그 병은 사람들을 죽이지는 않았지만 인구를 줄였다. 그러니까, 세상 대부분에서 아기들이 태어나지 않았다는 얘기다.[2]

코로나19가 '심각'단계에 접어들면서 학교와 보육시설이 운영을 중단했다. 정확하게는 '긴급'운영체제에 돌입했다. 가급적 가정 내에서 보육을 해결하되 "가정보육이 어려운 경우" 보육기관을 이용하라는 보건복지부 지침이 있었다. '엄마'는 처음 몇 주 동안 아이를 집에서 돌보기로 했다. 다행이라면, '엄마'는 매일 정해진 시간에 출퇴근을 하지 않아도 되는 신분이었다. 하지만 '엄마'는 가장이기도 했다. 대학에서 강의로 시급을 받아 아이와의 삶을 꾸려나가고 있었다. 다시 한 번 다행스럽게도, 대학들은 개강을 연기했고, 개강 후에도 강의는 '비대면' 원격으로 이루어졌다. 아이에게 미리 밥을 주고, 간식과 태블릿을 쥐어주며

'엄마'가 방문을 닫고 일을 하는 동안 조용히 해달라고 부탁했다. 다행히도 아이는 만 5세로, 어느 정도 말귀를 알아들었다. 집 안에 얼마 남아 있지 않은 빈 벽을 찾아 간이 테이블을 놓고 강의 영상을 녹화하기 시작했다. 중간에 어떤 일이 생길지 모르기 때문에 5분에서 10분 간격으로 녹화를 반복한다. 녹화 중에 아이가 방문을 살짝 열고는 소리를 거의 내지 않고 말한다. "엄마, 나 화장실 갈게." 눈짓으로 그러라고 대답을 하고 입으로는 강의를 계속하면서 속으로 빠르게 생각했다. 아이가 혼자 화장실 갈 정도의 나이라 정말 다행이다. 이제 2분만 더 녹화하면 된다. 갑자기 문 밖에서 커다란 목소리가 들렸다. "엄마, 나 응가 다 했어!" 아, 응가였구나. 아이는 혼자 화장실을 갈 만큼은 컸지만 아직 큰일 뒤처리를 스스로 할 만큼은 크지 않았다. 아, 2분만, 아니 1분만. 아이의 목소리를 덮을 수 있으리란 기대를 가지고 '엄마'는 녹화 영상에 대고 목소리를 높여 강의를 이어가본다. 아이는 지지 않고 더 크게 고함을 친다. "엄마, 나 응가 다 했다고!" 그래, 이번 분량은 다시 녹음하자.

　　한밤중에 일어나 강의 영상을 만들기 시작했다. 아이가 젖먹이이던 시절, 서너 시간 간격으로 배고파 깨는 아이와 밤에는 함께 깨고 낮에도 잘 수 없었던, 내 존재 자체가 오로지 젖뿐이던 시절로 돌아간 것 같다. 구내염과 임파선염이 도지고 좀비처럼 집 안을 돌아다니면서도 용케 일을 한다. 이 순간에도 '바깥'일을 할 수 있다는 것이 다행이라고 생각한다. 아이와 한 공간에 있으면서 원격강의를 하는 일은 효율성이나 능률 면에서 모두 좋지 않았다. 대학은 '비대면' 강의일지라도 강의의 질을 담보할 수 있게끔 협조를 해달라고 재차 요구했다. 강의 증빙을 위한 서류를 채워 달라고 요구했다. 강의 준비, 그리고 그 외에 당장 돈이 되지는 않지만 미래를 위해 반드시 해야 할 연구 작업을 위한 시간이 너무 절실하다. 어린이집 휴원 기간은 2주씩 늘어나더니 급기야 재개원에 대한 기약이 없는 휴원이 결정되었다.[3] '긴급보육'을 이용하기로 했다. '엄마'는 자신의 상황이 긴급보육을 필요로 하는 "어려운 상황"인지에 대해 생각했다. "자기 하고 싶은 일 하겠다고 스스로 고생하고 있는데 뭐가 불만이냐"는 말을 듣기 십상인 대학원생 '엄마'는 갈등한다. 회사를 다니고 있지만 아이에게 어떤 일이 생길 때마다 밥 먹듯이 양해를 구하는 (것이 가능하리라고 기대받는) 직장인 '엄마'는 갈등한다. 그나마 어떤 상황에서도 이해받을 수 없는 전업주부 '엄마'는 갈등한다. 두려운 것은 아이가 혹시 아프게 될까 봐, 그리고 그랬을 때 '엄마'에게 돌아올 죄책감과 비난이다. 기시감이 느껴진다. 코로나19가 퍼지기 이전부터 겪었던 갈등과 두려움이다. 코로나는 단지 그것을 증폭시켰을 뿐이다.

여자들은 눈에 띄지 않으려고 소심하게 움직여 다녔다. 그들은 겁에 질려 있었다. 시선을 끌까 봐 두려워하고 있었다. 바지 정장을 입고 의연하게 아이들 한 무리를 이끌고 있는 나이 지긋한 부인마저도 불안하게 주위를 흘끔거렸다.[4]

코로나가 발생하기 이전에도 아이와 '엄마'들은 고립된 삶을 살았다. 공적인 공간으로 나서는 순간 위축되었다. 코로나가 아니더라도 수많은 감염질환, 환경문제, 위험, 그리고 무엇보다 양육과 돌봄에 대한 사회적 시선들이 물리적 외출을 위축시켰다. "이렇게 미세먼지가 심한데 애를 데리고 나왔네"와 같은 우려는 "이렇게 추운데", "이렇게 더운데", "이렇게 사람이 많은데" 같은 변주로 '엄마'의 배경음악이 된다. 사람이 많은 대중교통에서 아이를 데리고 쩔쩔매고 있으면 누군가 배려를 해준다. 훈훈한 마음에 "애를 데리고 이런 걸 타냐"는 중얼거림이 끼얹어진다. 아이가 괴성을 지르면 아이가 단박에 겁을 먹을 수 있을 정도로 엄하게 아이를 꾸짖는다. 외식할 때 '엄마'는 꼭 뽕망치를 피하는 두더지 같다. 아이가 먹다 흘린 음식물을 치우려고 식탁 위와 식당 바닥을 수시로 오르내린다. 그러니까 공적 공간에서 아이는 피해를 줄 수 있는 존재고, '엄마'는 그것을 최소화해야 하는 유일한 존재이다. 맘충이 될까 두렵다.

오하나

방금 전 상황에 아이와 남성만 놓였다고 상상해본다. 남자는 대견한 시선을, 혹은 이해할 수는 없지만, 적어도 측은한 시선을 받아낼 것이다. 커피 한 잔을 손에 들고 유모차를 밀고 있는 남성은 멋있다고 하던데, 유모차를 놓고 벤치에 앉아 커피를 마시는 '엄마'는 "나도 남편이 벌어다 주는 돈으로 커피나 마시면서 돌아다니고 싶다"는 조롱을 듣는다.[5] 마트에서 아이와 손을 잡고 식자재를 계산할 때 점원에게 "아빠 참 가정적이네"라는 칭찬을 듣는 남자는, 집에서 요리도 하고 청소도 하며 한층 더 가정적인 사람으로 칭송을 받는다. '엄마'는 항상, 매일, 하루에도 여러 번, 날 때부터 '엄마'였던 것인 양 하고 있는 일인데 그런 인정을 받아본 적이 없다. 서툰 것은 마찬가지인데 서투름에 대한 기준은 '엄마'에게 더 가혹하다.

긴급보육을 보내면서 약간의 숨통이 트인 것 같았다. 그러던 어느 날 아이에게 미열 증상이 나타났다. 코로나 이전에도 아이가 아픈 날은 어린이집을 보내는 일에 큰 결심이 필요했다. 아이는 자주 아프다. 보육시설을 이용하기 시작하고 3년은 열, 기침, 콧물, 기관지염, 편도선염, 중이염을 번갈아가며 앓았다. 그것이 또 '엄마'의 마음을 옥죈다. 아이가 눈에 밟혀 쉬게 하고 싶지만 일을 해야 하는 '엄마'에게 "그럼 네가 집에 남아 아이를 봐야지" 외에는 대안이 없다. 그렇게 어린이집을 보내면 "아이가 아픈데도 보내야 하니"라는, 걱정을 위장한 질책을 받는다. 몇 가지 감염병의 경우엔, 걸리면 꼼짝없이 '가정'보육을 해야 한다. 그럴 때 일을 놓아야 할 것을 대비해 '엄마'는 이제 웬만한 감기에는 아이를 어린이집에 보낼 수 있는 배짱이 생겼다. 그런데 지금은 코로나19로 긴급보육 체계가 돌아가는 중이다. 미열 정도지만 그게 어떻게 보일지 익숙하게 와닿는다. 다시 '가정'보육을 시작했고 '가정'에서 돌봄을 담당할 사람은 '엄마'뿐이다.

> 여인은 이제 왕이 아니다. 뿐만 아니라 인간도 아니다. 보통 사람보다 시간이 7만 배나 느리게 흘러가는 존재를 생명의 끝이 있는 존재라 부르기는 힘들 것이다. 여인은 고독하다. 아니, 그 이상이다. 소통되지 않는 생각이 존재하지 않듯 여인도 존재하지 않는 듯하다. 생각이 아무 곳에도 가지 않듯 여인도 어디로도 가지 않는 듯하다.[6]

아이와의 시간은 천천히 흐른다. 그럼에도 정신을 차려 보면 순식간에 세월이 훌쩍 지나 있다. 아이와의 시간에 어느 정도 익숙해지면 그때부터는 기계적인 움직임으로 아이를 돌보고 있는 자기 자신을 보게 된다. 그때 느끼는 감정은 어떤 성취감이나 안도감이 아니다. 뜻밖에도 그때쯤 '엄마'를 덮친 것은 우울감이었다. 본래 '엄마'에게는 엄마이기 이전에 하나의 존재로서 세상과 연결된 자신만의 질문 거리들이 있었다. 이번 주에 누구를 만나고 무엇을 먹을지와 같은 고민부터, 가까운 지인들이 사는 모습과 그들의 걱정거리에 귀 기울이는 것, 세상에 대한 걱정과 생각들이 있었다. 특히 자신의 일과 관련해서 많은 생각들을 하며 살았다. 오늘 읽은 논문의 주장은 내가 동의할 수 있는 것인가? 관련해서 내일은 어떤 책을 읽을까? 자본주의적 발전은 농촌을 어떻게 변모시키는가? 소위 제3세계의 경제개혁은 완전히 신자유주의적인 방식인가? 이 질문을 해결하려면 어떤 자료들을 보면 될까? 이런 고민을 함께 할 수 있는 동료 누구와 대화를 나눌까? 그 질문들은 '엄마'가 되는 과정에서 다른 질문들로 대체되었다. 빨래는 언제 해야 하는가? 냉동실에 이유식이 남아 있는가? 오늘 아이의 식단은 어떻게 구성해야 하나? 아이가 몇 시에 젖을 먹었는가? 아이의 기침이 어느 정도가 되면 병원에 갈 것인가? 기저귀는 몇 번을 갈았는가? 오늘 아이가 똥을 쌌는가? 자신을 구성하던 문제들이 빠져나가고 그 자리를 돌봄과 관련된 문제들이 채우고 있음을 깨닫는 순간, '엄마'는 자신이 누구인지, 혹은 자신이 존재는 하고 있는지 의심하게 됐다.

'엄마'를 생각할 때 사람들은 종종 인간은 사회적 존재라는, 누구나 아는 명제를 망각하는 것 같다. 사적으로 치부되는 성별화된 돌봄으로 인해 공적 생활에서 배제되고 사회적으로 고립될 뿐 아니라 자아와도 단절된 돌봄 주체는, 기계적으로 능숙하게 온전히 자신의 일로 돌봄을 수행하는 주체는, 이제 소통하지 못하고 스스로 존재하지 않는 듯, 혹은 사회 속에서 비생명인 듯 느껴진다. 사람이 사회적 고립 상태를 겪으면 신체는 코르티솔과 같은 스트레스 호르몬을 분비하고 이는 그 사람의 기분과 기억력, 골수 면역 세포를 비롯한 면역체계 등에 부정적인 영향을 미친다.[7] 또한 고립감은 사회적 위협에 대한 과잉각성을 가져오는 등 행동에도 영향을 준다.[8] 이는 인간이 사회적 존재로 진화해 고립이나 고독, 외로움을 일종의 실패 상황으로 받아들이기 때문이다. 이러한 맥락에서 인간의 뇌와 행동에 관한 연구들이 핵심적으로 다루어야 할 것은 바로 유기체의 사회성이어야 한다는 주장도 나온다.[9] 코로나19 확산 방지를 위해 '사회적 거리두기'나 '생활 속 거리두기'를 강조하면서도 한편으로는 사람들과 원격 소통을 통해 "마음은 가까이"할 것을 강조하는 이유도 거리두기가 고립감을 일으켜서는 안 되기 때문일 것이다. 주변과 연결되어 있다는 것은 사회적 존재라는 인간의 본질을 유지하는 일이다. 사회에 속하지 않는다는 것은 따라서 인간이 유적 존재-인류로서 소외됨을 뜻한다.

　　　　　　　　　　　　　　　　　　　　오하나

나의 진짜 아이들[10]

타조 깃털(1890~1913). 찰스 다윈의 영향을 받고 자연사에 대한 대중적 관심이 촉발한 에드워드시대 패션 유행. 곱슬곱슬한 깃털을 온갖 색깔로 물들여서 머리에, 모자에, 부채에, 심지어는 빗자루에도 꽂았다. 관련 유행으로는 도마뱀, 거미, 두꺼비, 지네로 장식한 모자와 드레스들이 있다. 이 유행의 결과로 이집트, 북아프리카, 중동의 타조들이 씨가 마르도록 사냥 당했다.[11]

2019년 12월에 발표된 한 생화학적 연구는 DNA의 메틸화를 분석해 인간과 멸종 종을 포함한 척추생물의 '자연' 수명을 계산했다.[12] 유전자에 새겨진 자연 수명만을 볼 때 북극고래는 268년, 핀타섬 거북은 120년을 살 수 있었다. 하지만 인간이 확인한 최장수 북극고래는 211년만을 살았을 뿐이며, 핀타섬 거북은 100년을 조금 넘겼던 것으로 알려져 있다. 핀타섬 거북은 지난 2012년 마지막 개체 '외로운 조지'가 사망하면서 멸종했다. 장수 동물로 알려진 거북의 멸종 원인으로는 서식지 파괴와 남획, 기후변화와 플라스틱의 위협이 거론된다. 인간이 자신의 수명을 늘리고 서식지를 넓히며 다른 종과 접촉하는 빈도가 잦아지는 과정에서 박쥐가 지니고 있던 바이러스 중 하나가 알 수 없는 매개에 의해 인간에게 전달이 됐다. 박쥐를 잡아먹는 중국인들의 미개함을 탓하는 사람들은, 그렇지만 박쥐를 비롯해 동물의 서식지를 침범한 인간 종의 한 개체로서 자기 자신을 인지하는 것 같지는 않다. 세계 곳곳에는 여전히 그 신비함에 감탄하며 그 안을 구석구석 돌아다니다 어두운 공간에 매달린 박쥐를 보며 신기해하는 관광객을 기다리는 자연 동굴들이 있다. 인간이 자신의 영역을 그렇게 많이 확장하지 않았다면 인간을 포함한 서로 다른 종의 동물들이 그렇게 가깝게 접촉할 일 역시 없었을지도 모른다.

　물론 '나'는 박쥐를 먹는 인간이 아니며, 장수 동물로 알려진 종들이 유전적으로 결정된 수명보다 적게 산 것은 수명이 길어질수록 노화로 인한 질병에 취약해지고 그것에 대처할 수 없기 때문이라고 주장할 수도 있다. 그렇다. 그러한 노화와 질병에 대처할 수 있는 인간의 현재 평균 수명은 79세 정도이다. 2016년 『네이처』에 실린 글은 20세기 내내 인간의 수명이 꾸준히 늘어났으며 한계 수명은 115세임을 주장했다.[13] 곧이어 일군의 학자들은 인간이 그 이상의 수명을 누리는 것도 가능하다고 발표했다.[14] 하지만 앞서 언급한 2019년의 생화학적 연구가 동일한 분석 방법을 적용해 밝혀낸 인간의 자연 수명은 38년에 불과했다. 현생 인류인 호모 사피엔스와 가장 가까운 네안데르탈인이나 데니소바인의 자연 수명이 37.8년인 걸 보면 현재 인류의 평균 수명은 신생대 이후 인류가 더 진화한 결과는 아닐 것이다. 연

　　　　　　　　　　　　　　　　오하나

구자들의 지적을 군이 언급하지 않더라도 현재 인류의 실제 수명이 자연 수명의 두 배 이상이 된 것은 생활환경과 현대 의학의 개선 덕분이라고 추론하는 것은 어렵지 않다. 인간의 문명과 기술, 지식은 비록 다른 종의 단명을 가져왔을지는 몰라도 예외적으로 인간 종의 수명을 획기적으로 연장시켰다. 박쥐를 먹지 않는 '나'는, 그런 기술과 문명, 지식을 발전시키는 데 그다지 기여하진 않은 것 같지만 인간 종의 그 예외적인 수명을 누리고 있다. 지금 내가 누리는 수명은 자연에서는 예외적이나 인류에게는 공적이다.

> 그렇게 갑작스럽고도 가볍게, 결속은 무너졌다. 그리고 우리는 무덤이 아닌 최후를 알게 되었다. 우리 인류의 결속은 끊어졌고, 우리는 끝장났다.[15]

인간 종이라고 모두가 그 예외적인 수명을 온전히 누릴 수 있는 것은 아니다. 인간 종의 예외적 수명을 누릴 수 있는 사람들은 예외적으로 따로 존재한다. 내가 일본에서 태어난다면 시에라리온에 태어난 사람보다 평균적으로 46년을 더 살 수 있다.[16] 예란 테르보른(Goran Therborn)은 불평등이 비유적으로가 아니라 말 그대로 사람을 죽일 수 있음을 강조하며, 사회적 구조에 속한 인간 유기체가 생명을 유지할 수 있는 데 겪는 불평등을 생명력 불평등(vital inequality)이라고 말한다.[17] 생명력 불평등을 겪지 않기 위해서, 어차피 내가 선택할 수 있는 문제는 아니지만 그것이 가능하더라도, 부유한 국가에 태어나는 것만으로는 충분하지 않다. 영국 런던에서 지하철을 타고 가난한 사람들이 많이 사는 런던 동쪽으로 가다 보면 정거장 하나를 지나칠 때마다 주민들의 기대 수명은 6개월씩 줄어든다. 복지국가로 알려진 스웨덴에서조차 중상류층 도시에 사는 남성들은 노동자와 소농으로 구성된 도시에 사는 남성들보다 평균 8.6년을 더 살 수 있다.[18] 똑같이 흡연하고 정크푸드를 먹더라도 정년 이후까지 살아남기 위해서는 관료제 사다리 위쪽에 있는 것이 유리하다. 그러나 우리 대부분은 건강에 좋은 직업과 나쁜 직업 사이에서 선택을 고민하는 것이 아니라 건강에 나쁜 직업과 실업 상태를 놓고 선택해야 한다.[19] 코로나로부터 안전하게 근무할 수 있는 직업과 그렇지 않은 직업 사이에서 고민하는 것이 아니라 코로나로 인해 더 가혹해진 노동조건과 생계 사이에서 선택해야 한다.[20] 코로나19 이후, '재택근무'로 삶이 변형은 되었을지언정 그 질에 있어서는 별 차이가 느껴지지 않는다면, 혹은 심지어 새로운 업무형태에 신선함을 느낀다면 그 사람은 정년이 보장된 정규직이자 자신의 일을 보조해줄 인력을 갖춘 시니어급 지식노동자일 확률이 높다. 조그만 사업장을 '열정'으로 유지해야 하는 스타트업 회사 직원들이 코로나에 걸린다.[21]

오하나

'사회적 거리두기'로 인해 업무량이 더욱 많아진 콜센터 여성 노동자들이 코로나에 걸린다.[22] 인터넷과 IT '첨단'을 달리는 한국의 대학생들은 대부분 원격강의를 수강하는 데 문제가 없을 수 있겠지만 세계 어딘가의 대도시 대학생들은 수업은커녕 주거와 음식을 포함한 하드웨어조차 해결되지 않는 상태로, 코로나에 걸려 죽거나 의료 지원을 받지 못해 다른 질병에 걸려 죽을지도 모른다는 공포에 시달려야 한다.

특정 지역의 평균 수명, 그리고 그곳에 있는 한 사람의 기대 수명을 결정짓는 것은 당연히 보건, 의료, 교육, 행정, 부의 양과 같은 사회의 특성뿐만 아니라 그 사람이 유지하는 건강 관련 생활습관과도 상관관계가 있다. 사회적 환경이 한 개인을 얼마나 불우하게 만들었는지와 상관없이 그 개인이 스스로 건강에 대한 위험요소를 최대한 통제한다면, 사회 전체적으로는 아니더라도 그 개인의 삶에서는 예외적 수명을 누릴 가능성이 있는 것 아닌가. 하지만 건강 관련 정보와 자원, 제도에 대한 접근성이 차별적이라는 사실을 제쳐둔다 해도 수명은 누구에게나 공평하지가 않다. 앞서 소개한 생화학적 연구는 DNA의 메틸화 과정을 통해 척추동물의 '자연' 수명을 계산했다. 이보다 앞서 유사하게 메틸화 측정을 사용해 사회경제적 환경과 노화의 상관관계를 연구한 결과가 있다. 이 연구 보고에 따르면 한 사람이 태어나면서부터 주어진 사회경제적 환경은 실제로 그 사람의 자연 수명 자체를 단축시킨다. 내가 14세이던 시기에 내 부모가 안정적인 직장을 갖지 못했다면 부모가 전문직에 종사하는 친구보다 최대 2.4년에서 최소 1.9년 일찍 죽게끔 유전 정보가 만들어진다.[23] 흡연이나 음주와 같은 모든 위험요인과 운동과 섭식 조절 등의 긍정적 요인이 모두 동일하다고 가정한 상태에서 그렇다는 것이다. 여기에 사회적 차별이 더해지면서 수명의 차이는 더 늘어난다.

> 내 머릿속에 있는 아이디어만 중요한 것은 아닙니다. 우리 사회 역시 하나의 아이디어죠. 나는 그 아이디어로 만들어졌어요. 자유, 변화, 인간 결속이라는 중요한 아이디어로. 그리고 나는 마침내 물리학이라는 한 가지 아이디어를 추구하면서 다른 하나를 배신하고 있었다는 것을 깨달았지요.[24]

개체의 면역 이상으로 사회의 면역 상태가 공중보건에 큰 영향을 미친다는 것은 익히 알려져 있는 일이다. 예방접종은 한 개체가 치명적인 질병으로부터 자신을 보호할 항체를 만들게 할 뿐 아니라 사회 구성원들 다수가 항체를 지니게 해 질병의 전파를 제한하는 효과를 가진다. 코로나19 생활지침이 확진자가 아닌 일반인들에게 마스크를 쓰고 손을 씻는 등 위생 관리를 권하는 것은 그것이 사회의 위생과 면역 상태를 높이기 때문이다. 특히 감염병 통제에서 환자의 수, 환자가 될 가능성에 노출된 사람의 수를 줄이는 것은 중요하다. 사회의 면역은 사회를 안전하게 만드는 요소 중 하나이다. 사회 상층에 속해 경제적인 면에서나 정보 면에서 부유한 이들은 자신의 생명과 안전을 지키는 데 재산을 충분히 사용할 수 있다. 의학과 기술 역시 발전되어 있어 이들의 건강 상태는 수시로 점검되며 적절한 예방조치를 받을 수 있고, 이들의 공간은 첨단 보안 장비로 지켜지고 있다. 하지만 자신의 공간을 벗어나면 미세먼지와 바이러스가 가득한 공기로 숨을 쉬어야 하기 때문에 외출하는 순간 위험해진다. 그런 삶이 아주 만족스러울 것 같지는 않다. 역시 부유함 덕에 돌봄과 가사를 도맡아줄 인력을 불러들이는 건 어렵지 않을 것이다. 그러나 돌봄노동자들이 코로나바이러스에 노출된 상태로 그 공간을 드나든다는 생각이 드는 순간 삶은 여전히 불안하다.

　사회에 대한 불안과 두려움은 사회적 비용을 발생시킨다. 예컨대 범죄에 대한 불안이 높은 사회라면 사회활동을 할 때 안전에 대한 고려가 더 심해질 것이다. 얼마나 많은 경호 인력과 총기를 가지면 안전감과 만족감을 가지고 살 수 있는지는 알 수 없다.[25] 다시 말해, 사회 자체의 불안이 높아지고 사회적으로 위험요소가 늘어난다면, 의학과 기술, 자기 자신의 부유함에 힘입어 자신의 생명과 안전이 지켜진다고 한들 삶의 질뿐만 아니라 생명의 안전 역시 부정적인 영향을 받는다. 사회의 위험요소를 줄이는 방법은 건강, 보건, 정보, 기술과 관련된 자원을 가급적 많은 이들이 누릴 수 있도록 하는 것이다. 우리는 이미 세계에서 생산되는 식량의 양이 세계의 모든 인구를 먹이기에 충분하다는 이야기를 여러 번 들었다. 의학기술은 점점 더 다루기 어려운 신체의 손상을 방지하거나 복원하도록 발전했다. 인터넷을 이용할 수 있는 사물은 한 사람이 다종을 한꺼번에 소유할 만큼 생산되고 있다. 그런데 세계에는 여전히 기아에 시달리는 인구가 8억이 넘고, 기초적인 접종만으로도 예방 가능한 전염병으로 죽는 인구들이 존재하며, 원격강의를 들을 장비가 없어 코로나19 상황에서 완전히 고립된 학생들이 존재한다. 의료 장비와 기술, 부가 이미 많은 이들의 수명을 지켜줄 수 있을 만큼 넘쳐나는데도 왜 모두가 이를 누리지 못하는 걸까. 많은 인구를 보호하려면 그 기술의 질이 떨어질 수밖에 없다는 말은 하지 말자. 양과 질이 트레이드오프 상태에 있기 때문이 아니라 인간의 목숨이 아닌 다른 욕망이 개입하기 때문이다. 경제적 효과, 효용, 효율 등 다양하게 불리는 이 욕망의 이름은 이윤이다.

철옹성 같은 타워팰리스에서 불로초를 먹고 오래도록 수명을 누릴 수 있는 사람이라 할지라도 다른 사람의 삶이

오하나

안전하지 않는 한, 그래서 철옹성 밖에 발을 내딛는 순간 안전과 안정의 위협이 도처에 존재하는 사회라면, 그 사람의 수명은 양적으로도 질적으로도 보장되지 않는다. 생물학적으로도 사회적으로도 사회가 건강해야 한다. 기술의 수준, 재화의 양적 조건 그 자체로는 사회 전체의 건강이 보장되지 않는다. 재화와 서비스, 기술과 지식을 어떻게 사용할 것인지를 결정해야 하며 이는 사회적 지지가 필요한 일, 즉 어떤 사회에서 살고 있는가의 문제이다. 그리고 사회를 재생산하고 어떤 사회에서 살아갈 것인가는 어떤 인간들을 낳고 기를 것인가의 문제이다. 다시 말해 양육이란, 인간 종을 재생산하는 동시에 사회적 존재로서 인간을 키워내는 것이며, 그렇게 자란 존재들이 사회의 모습을 형성하고, 그 사회는 우리가 공기처럼 느끼며 살아가고 있는 바로 그곳이다. 그 사회의 모습이 자신의 건강과 수명을 책임진다. 이것은 사회가 생존하는 문제이자 결국 개체가 생존하는 문제이다.

수영을 할 줄 알아야 물고기를 아는 것도 아니고 별을 인식하기 위해 빛날 필요는 없는 거잖아.[26]

어떤 사회에서 살아갈 것인지를 결정하는 것은 내가 할 수 있는 일이 아닌 동시에 내가 할 수 있는 일이다. 자신의 삶에는 이전에도, 지금도, 이후에도 아이는 없다고 장담하는, 그러니 아이를 가진 여성과 아이에 대한 책임은 온전히 그들만의 일이라고 말하고 싶은 당신은, '엄마'를 벌레로 부르거나 '노 키즈'를 외치고 싶은 당신은, 우리의 생존을 책임져주는 사회를 만들어온 인간들이 바로 그 아이들이었음을 망각하는 것 같다. 아이를 기르는 일에 이해가 아닌 참견이 앞서거나 개개인의 조건을 무시한 채 그저 출산 애국을 외치거나, 혹은 보이지 않는 '엄마'와 아이들에게 그저 무관심한 당신은, 우리를 생물학적으로나 사회적으로 길러낸 것이 우리가 숨 쉬듯 자연스럽게 생존하고 있는 이 사회임을 망각하는 것 같다. 우리의 수명을 연장시켜준 그 사회를 바로 우리가 만들었다.

코로나19는 사람들을 격리시키고 사람들 사이의 물리적 거리를 만들어냈다. 이 상황은 또한 역설적으로 사람들이 모두 연결되어 있다는 감각을 만들어냈다. 질병에 대한 경험은 온전히 개인화된 경험이지만 전염에 대한 노출이라는 공포는 인간에게 동일하게 다가오기 때문이다. 또한 고립적인 상황이 되면서 역설적으로, 우리는 인간이 사회와 연결되어 있는 것이 얼마나 중요한지 더 크게 느낀다. "우리를 위해 마스크를 써주세요. 우리도 당신을 위해 마스크를 쓸게요"나 "당신 덕분에" 같은 캠페인은 인간 종의 생존에서 사회적 존재로서 자신을 자각하는 것, 다시 말해 상호

오하나

의존성이 얼마나 필수적인지를 역설한다.

예외성에 놓여 있는 인간을 이해하기 위해 내가 예외성에 들어갈 필요는 없다. 그렇지만 코로나는 정도의 차이일지언정 그 예외적 상황을 일반적 상황으로 만들었다. 사회적 거리두기와 생활 속 거리두기는 우리에게 사회적 존재라는 인류의 특성을 거스를 것을 요구하는 예외적 상황이다. 그러나 동시에 누구나 그 예외에 참여할 것을 독려하며 예외성을 일반화했다. 그렇기 때문에 코로나에 걸리지 않은 '나'도, 격리를 당한 확진자들과, 격리와 다름없는 상태에서 극한의 노동환경에 놓인 병원 노동자들이 느낄 고립감을 이해할 수 있다. 코로나가 가져온 고립은 역설적으로 인간 개체가 자신의 감각을 주변으로 연장시키면서 자신과 타인 사이를 연결하는 공간을 만들어주었다. 누구나 고립될 수 있다는 것, 그럼에도 누구나 사회적 존재로서 살아야 한다는 것을 이해하게 되면서 말이다.

사회적으로 고립감을 느끼고 돌봄이 온전히 개인의 경험이었던 '엄마'는 상상해본다. 이런 '연결되어 있음'이라는 감각이 돌봄을 사회가 함께 해야 할 일로 인식하게 만든다면, 다시 말해 아이가 자란다는 것은 자신이 사는 사회를 키우는 것이라는 점을 인식하게 만든다면, 나 역시 사회적 존재로 살아 있을 것 같다. 아이가 건강한 사회에서 자랄 수 있을 것 같다. 당신이 건강한 사회에서 인간의 그 예외적 수명을 온전히 누리며 나이 들어가며 살 수 있을 것 같다. 당신이 건강해야 내가 건강하다.[27] 당신도 아이를 기른다.

오하나

1 이 제목은 1963년 발행된 베티 프리단의 유명한 책 제목이다. 또한 조 월튼의 SF소설『나의 진짜 아이들』14장 제목이기도 하다.

2 제임스 팁트리 주니어,「휴스턴, 휴스턴, 들리는가?」,『체체파리의 비법』, 이수현 옮김, 아작, 2016, 210쪽.

3 「어린이집 휴원기간 연장」, 보건복지부 2020년 3월 31일 보도자료.

4 제임스 팁트리 주니어,「체체파리의 비법」,『체체파리의 비법』, 이수현 옮김, 아작, 2016, 35쪽.

5 조남주,『82년생 김지영』, 민음사, 2016, 164쪽.

6 어슐러 르귄,「겨울의 왕」,『바람의 열두 방향』, 최용준 옮김, 시공사, 2004, 198~199쪽.

7 Steven Cole et al., "Myeloid Differentiation Architecture of Leukocyte Transcriptome Dynamics in Perceived Social Isolation," *PNAS* 112(49), 2015.

8 Stephanie Cacioppo et al., "Loneliness and Implicit Attention to Social Threat: A High Performance Electrical Neuroimaging Study," *Cognitive Neuroscience* 7(1-4), 2016.

9 John Cacioppo & Stephanie Cacioppo, "Loneliness in the Modern Age: An Evolutionary Theory of Loneliness," *Advanced in Experimental Social Psychology* 58, 2018.

10 조 월튼의 장편소설 제목이다.

11 코니 윌리스,『양 목에 방울 달기』, 이수현 옮김, 아작, 2016, 317쪽.

12 Benjamin Mayne, Oliver Berry, Campbell et al., "A Genomic Predictor of Lifespan in Vertebrates," *Scientific Reports* 9, 2019.

13 Xiao Dong, Brandon Milholland & Jam Vijg, "Evidence for a Limit to Human Lifespan," *Nature* 538, 2016.

14 Bryan G. Hughes & Siegfried Hekimi, "Many Possible Maximum Lifespan Trajectories," *Nature* 546, 2017.

15 제임스 팁트리 주니어, 앞의 책, 52쪽.

16 "2010년 기준으로 부유한 국가와 그렇지 못한 국가 간의 평균 수명 격차는 27년이고, 최고와 최저의 차이는 일본과 시에라리온의 경우로 무려 46년이었다."(예란 테르보른, 『불평등의 킬링필드』, 이경남 옮김, 문예춘추사, 2014, 24쪽.)

17 예란 테르보른, 앞의 책, 69쪽.

18 앞의 책, 107쪽, 136쪽.

19 앞의 책, 32쪽, 171쪽. "흡연 등 여러 가지 위험요소를 감안하더라도 정년 이전의 사망은 관료주의의 사다리를 따라 움직이는 모습이어서 아래쪽에 있는 사람들이 먼저 죽고 위쪽은 나중에 죽었다. 다시 말해 지위가 높은 사람들은 살아서 고령이 될 확률이 아래쪽 사람들보다 더 컸다."

20 「코로나 시대의 4계급, 당신은 어디에 있나」, 『경향신문』, 2020. 4. 27; 한겨레 그림판, 『한겨레』, 2020. 4. 28.

21 「서울대입구역 스타트업도 집단감염」, 『경향신문』, 2020. 3. 13.

22 「코로나로 비대면 활동 증가하니, 콜센터는 상담 폭주」, YTN, 2020. 4. 13; 「생활방역 수칙, 개인 의지로만 지킬 수 있을까」, 『경향신문』, 2020. 4. 13.

23 Amanda Hughes, Melissa Smart et al., "Socioeconomic Position and DNA Methylation Age Acceleration Across the Life Course," *American Journal of Epidemiology* 187(11), 2018.

24 어슐러 르귄, 『빼앗긴 자들』, 이수현 옮김, 황금가지, 2015, 392쪽.

25 "세계에서 가장 불평등한 나라 중 하나로 꼽히는 콜롬비아의 수도 보고타에서는 경제활동 인구의 약 10분의 1이 보안과 경비 사업에 종사한다."(예란 테르보른, 앞의 책, 41쪽.)

26 어슐러 르귄, 앞의 책, 188쪽.

27 「네가 건강해야 내가 건강하다」, 『경향신문』, 2020. 3. 30.

6 가족

코로나19와 영희네 가족   김미선

코로나19 사태는 돌봄과 사회적 위험을 여전히 가족이 부담할
수밖에 없는 현실을 더욱 체감하게 했다. 가족 혹은 한 개인의
일상을 일상답게 하는 사회적 돌봄은 존재하는 것일까? 그리고
코로나19와 같은 사회적 위기 상황에도 사회적 돌봄이 작동
가능하려면 무엇이 필요한가?

이 글은 코로나19에서 비롯된 한 가족의 경험을 노년 여성 김영희(가명)를 중심으로 들여다보고자 한다. 코로나19와 한 가족의 경험을 공유하기에 앞서, 이 가족을 이해하기 위해 영희의 생애와 가족사를 간단히 소개한다.

⊣⊢

영희는 1958년생 개띠로 7남매 중 넷째로 태어났다. 어릴 적부터 몸이 약했던 영희를 엄마는 특히 아꼈다고 한다. 부모님의 각별한 사랑 덕분인지, 똑똑하고 공부를 잘했던 영희는 형제 중 최초로 대학에 진학했고, 교사가 되어 가족(부모와 동생)을 부양했다.

영희는 결혼적령기가 되어 그 당시 여느 여성들이 그러했듯이 결혼을 했다. 남편은 내성적이면서 소박한 사람이었다. 영희는 그 사람의 그런 면이 좋았다. 결혼한 지 1년 후 딸을, 그로부터 2년 후에는 아들을 출산했다. 당시는 교사의 출산휴가가 2개월에 불과했기 때문에 아이를 낳고 몸이 회복되자마자 다시 복직해야 했고 아이를 다른 사람에게 맡길 수밖에 없었다. 영희는 아이를 친정부모님께 맡겼다. 집에서 버스를 타고 친정에 들러서 아이를 맡기고 나서 출근을 했다. 그리고 역으로 친정에 들러서 아이를 데리고 집으로 퇴근을 했다. 두 아이를 키우며 직장생활을 하는 것이 점점 어려워지면서 작은 아파트를 분양받아 부모님과 합가를 했다. 첫째 아이가 만 세 살, 둘째 아이가 만 한 살 되던 해였다.

첫째는 건강하게 문제없이 성장했지만, 둘째는 몸이 약했다. 폐렴과 결핵을 번갈아 앓았던 둘째는 두 돌이 지나서야 겨우 걷기 시작했다. 또래 다른 아이들보다 여러 측면에서 발달이 늦어지자 영희는 둘째를 큰 병원으로 데려갔다. 여러 각도의 검진 끝에 마지막에 도달한 곳은 신경외과였다.

만 세 살 된 둘째에게 수면제를 투여해가며 어렵게 MRI 촬영을 한 결과 얻은 병명은 양성 뇌종양이었다. 그리고 종양은 아이의 성장만큼이나 빠른 속도로 자라났다. 처음 이 병을 진단한 신경외과 의사는 종양의 위치가 매우 위험한 부위에 있기 때문에 수술할 수 없다고 했다. 다른 병원과 의사를 수소문한 결과 한 군데에서 안전하게 수술을 할 수 있다고 했다. 집도한 의사는 가까운 친척이었다.

둘째가 여덟 살이 되던 해 여름, 뇌종양 제거 수술을 받는다. 종양은 깨끗하게 제거되었지만, 반신마비라는 부

김미선

작용을 얻었다. 이후 영희는 5년이 넘도록 물리치료와 침 등을 가리지 않고 둘째의 증상을 완화시키기 위해 노력했다. 둘째는 앉고 설 수 있었고, 걸을 수 있었다. 하지만 끝내 말초신경은 회복되지 않았다. 스스로 한쪽 팔꿈치를 접을 수도, 주먹을 접었다 펼 수도 없었다. 그리고 둘째에게는 수술 이후 더 이상의 인지적 향상이 발생하지 않았다. 지적 수준은 다섯 살 정도의 수준에 멈췄다. 더 이상 나아질 수 없는 상태임이 판단되면서 둘째는 정신지체 장애인이 된다.

문제는 둘째의 사춘기가 시작되면서부터였다. 둘째는 모든 치료를 거부했고, 폭력적인 행동을 하기 시작했다. 둘째의 몸은 점점 굳어져갔다. 결국, 둘째가 열여덟 살이 되던 해 영희는 아들을 돌보기 위해 교사를 그만두었다. 하지만 어느새 신체적으로 장성한 청년 남성 장애인을 돌보는 일은 쉽지 않았다. 둘째를 돌봐줄 수 있는 시설을 알아보았지만, 정신과 병원에서는 신체장애가 있어서 입원이 안 된다고, 장애인 복지시설에서는 아이의 폭력성 때문에 입소할 수 없다고 거부하였다. 둘째를 돌보는 것은 원래 그래왔듯이 영희의 책임이었다.

둘째는 그렇게 서른을 넘겼고, 영희도 나이가 들었다. 허리와 손목 및 발목관절이 약해졌고, 골다공증 증상도 나타났다. 든든했던 남편과 의지했던 엄마도 나이가 들었다.

남편은 은퇴 후 제2의 인생을 살고자 했다. 동료와 함께 사업을 시작했고 따기 힘든 자격증을 취득하기도 했다. 그러던 어느 날 혈변이 보였다. 병원에 가서 검진을 받았더니 대장암 말기였다. 암은 주변 장기까지 퍼져 있었다. 신속히 암 제거 수술을 받았고, 열두 차례 항암치료를 받았다. 암은 대부분 제거되었고, 영희 가족은 감사한 마음으로 하루하루를 보냈다. 하지만 수술 후 3년이 흐른 어느 날, 남편은 여느 때와 같이 CT검사와 혈액검사를 받았고, 안타까운 검사 결과가 나왔다. 암이 재발한 것이다. 의사는 남은 시간이 2년이라 했다. 남은 치료 방법은 죽기 전까지 항암치료를 2주마다 받는 것이었다. 그렇게 남편은 고통스러운 암과의 전투를 시작한다. 그 전투는 현재 진행형이다.

영희의 엄마는 언제부턴가 손주와 자식들을 못 알아보기 시작하더니 중증 치매 진단을 받았다. 그 무렵 영희의 첫째가 출산을 하면서 손주를 데리고 친정으로 들어왔다. 장애인인 아들, 항암치료 중인 남편, 치매에 걸린 엄마, 세 살배기 손주. 이들을 돌보는 주된 책임은 영희에게 있었다. 엄마의 치매 증상이 심해져 대소변마저 못 가리는 상황이 되자, 영희는 어쩔 수 없이 노인요양시설에 엄마를 의탁한다. 이미 영희가 돌봐야 하는 가족들이 너무 많았기 때문에 영희는 이런 결정을 할 수밖에 없었다. 힘들 때마다 항상 힘이 되어준 엄마를 떠나보내며 영희는 마음이 참으로 많이 아팠다.

김미선

얼마 후, 영희 가족은 대학원생인 첫째가 학업과 육아를 병행할 수 있도록 돕기 위해 지방에서 서울로 이사를 왔다. 첫째의 남편은 지방에서 근무하고 있었기 때문에 육아를 돕기 어려운 상황이었다. 영희 가족은 힘들었지만 조화롭게 서로를 의지하며 하루하루를 버텼다. 아침 식사는 영희 남편이 준비했고, 영희가 손주의 어린이집 등하원과 점심 및 저녁 식사를 담당했다. 그리고 저녁에는 첫째가 일찍 하교해 아이를 돌봤고 저녁 식사 준비를 도왔다. 단지 장애인인 둘째를 돌보는 것만은 다른 사람이 대신 할 수 없어 오롯이 영희의 몫이었다.

그러던 어느 날 2020년 2월, 이 가족에게 코로나19 사태가 찾아온다.

부모와의 생이별

첫 번째 영향은 영희가 엄마를 보기 위한 노력이 좌절되는 일부터 시작된다. 영희는 손주를 보면서 엄마에게 더욱 애틋한 감정이 생겼다. 자신의 두 자녀를 키워준 엄마에게 고마운 마음이 더 커진 것이다. 그리고 최근에 자식 얼굴도 거의 잊은 엄마가 밤마다 영희의 둘째를 찾는다는 소식에 엄마를 뵙고 싶은 마음이 더 커졌다. 영희는 현재 서울에 살고 있고 엄마는 논산에 있는 요양원에 모셨다. 거리도 거리이지만, 남편, 아들 및 손주 때문에 한 번 찾아뵙는 것이 여간 어려운 일이 아니었다. 이날도 남편이 항암치료로 입원하는 날짜에 맞춰서 당일치기로 논산에 엄마를 뵙고 오려 했다. 어려운 상황에도 불구하고 겨우 시간을 냈는데, 코로나19 때문에 요양원에 오지 말라는 통보를 받게 되면서 영희는 속이 많이 상했다.

엄마가 있는 요양원의 우려는 괜한 것이 아니었다. 봉화 푸른요양원. 경산 서요양병원 등 노인요양시설에서 코로나19 집단감염이 일어났다. 군포 효사랑요양원에서는 요양원을 방문한 가족이 입소한 노인으로부터 감염되기도 했다. 많은 노인이 제한된 공간 안에 거주하고 가족 및 종사자 등 외부의 유동인구가 많은 탓에 이러한 시설들은 항상 감염의 위험에 노출되어 있다. 게다가 의료복지시설에 입원한 노인의 경우 면역력이 매우 취약하기 때문에 사망 확률도 높다.

2018년 기준 노인거주시설[1]은 총 5,677개, 이곳에 살고 있는 노인은 197,215명이다.[2] 10년 전인 2008년 노인거주시설 2,179개 및 거주 노인 98,604명과 비교하면 시설 수 및 입소정원 모두 두 배 이상 증가했다. 노인 돌봄에 대한 부담을 사회와 시장 및 국가가 부담하게 되면서 가족은 노인 부양에 대한 부담을 한결 덜 수 있었을 것이다. '부모님'을 시설에 의탁한다는 것이 가족으로부터의 격리 혹은 소외를 의미하지는 않았을 것이다. 하지만 코로나19는 의

　　　　　　　　　　　　　　　　　　　김미선

도하지 않게, 입소 노인과 그 가족 간의 생이별을 경험하게 했다. 그렇게 몇 달이 지나도록 영희는 엄마를 뵙지 못하고 있다.

만남의 기회 박탈

영희는 두 자녀와 손주를 데리고 남편이 항암치료를 받는 병원에 병문안을 갔다. 짧은 입원기간이지만, 항상 그래왔던 일이다. 그런데 출입이 통제되었다. 보호자 한 명만 출입이 가능하다는 말에 영희는 준비한 간식만 전달하고 병원을 나와야 했다. 다음 날에는 남편의 남동생 부부가 병문안을 오기로 했는데 그마저 무산되었다. 병원의 조치는 당연한 것이었다, 2015년 메르스 사태 때 병원에서 발생한 감염, 특히 환자들의 감염은 치명적인 결과를 초래했기 때문이다.

영희의 남편은 암 수술 이후 이미 사회적으로 고립된 생활을 하고 있었다. 대장암 수술 후 영구적으로 장루를 착용해야 했기 때문에 사실상 적극적인 사회생활이 어려웠다. 가끔 그를 찾아오는 친구와 가족을 만나는 일이 전부였다. 그리고 항암치료를 위해 입원한 병원에서 같은 처지에 있는 환우들을 만나는 일이 일종의 사회생활이었다.

하지만 코로나19 발생 이후, 그의 사회적 고립은 심화되었다. 만남의 기회가 계속 주어질 수 있기를 바라지만, 그에게 주어진 시간이 충분하기를 바라지만, 그러지 못할 수 있다. 오늘이 마지막일 수 있는 만남의 기회를 코로나19가 박탈한 것이다.

가족의 고립

영희의 남편이 항암치료를 마치고 집에 돌아왔다. 코로나19에 대한 남편의 불편함과 공포는 더 커져 있었다. 항암치료로 면역력이 약해진 암환자에게 코로나19 감염은 치명적이다. 항암치료는 정상세포에 비해 빠르게 성장하는 암세포를 파괴하지만, 그 외의 정상세포도 공격해 신체의 면역력을 떨어뜨린다. 항암치료로 약해질 대로 약해진 남편에게 코로나19는 생명에 위협이 될 수 있다. 또한 감염이 될 경우 항암치료가 제때 이루어지기 어렵기 때문에, 암으로 인해 생명을 잃을 수도 있다.[3] 그는 매일 규칙적으로 나가던 산책마저 지속하길 주저했다. 그러다가 야외공간에서는 감염이 일어나기 어렵다는 보도가 나오면서 조심스럽게 산책을 재개했다.

남편에게 감염을 일으킬 수 있는 공포의 대상은 다름아닌 '가족'이다. 그가 스스로 격리된 생활을 하더라도 함께 사는 가족이 외부 활동을 통해 바이러스를 옮길 가능성이 있다. 그에게는 계절성 독감 역시 코로나 바이러스 못지않게 조심해야 하는 전염병이었다. 그래서 모든 가족이 독

김미선

감 예방접종을 놓치지 않고 해왔다. 친밀하게 공간을 공유하는 가족은 위험하고 견제해야 할 대상이 되었다. 영희를 비롯한 가족들은 남편의 그러한 우려를 존중했다. 되도록 외출을 자제했고, 외출 후 가장 먼저 샤워를 하고 집 안에서 활동을 시작해야 했다. 정부에서 사회적 격리를 강조하기 전부터 영희 가족은 남편이자 아버지인 그를 위해 스스로를 격리해야 했다.

마스크 대란?

코로나19의 영향력이 커지면서 공급이 수요에 미치지 못하는 마스크 대란이 일어났다. 그러나 영희네 집에서는 마스크가 부족하지 않았다. 그 이유는 둘째 덕분이었다. 코로나19가 발생하기 전, 영희는 둘째를 데리고 관악구 보건소에 예방접종을 위해 들른 적이 있다. 그때 보건소에서는 미세먼지 대비를 위해 KF94 마스크를 열 매씩 지급했다. 그리고 코로나19 사태 이후에는 주민센터가 마스크를 직접 구매하기 어려운 장애인들에게 무료로 KF94 마스크를 배급했다. 거동이 힘든 둘째를 대신해 영희가 마스크를 수령했다. 그런데 마스크의 실질적 주인인 둘째는 거의 하루 종일 집에서 시간을 보낸다. 유튜브와 텔레비전을 보면서 말이다. 영희와 함께 잠깐 외출해 맛있는 간식을 사 먹고 집으로 돌아오는 것이 둘째의 유일한 낙이었는데, 둘째는 차에서 내리지 않기 때문에 마스크를 사용할 일이 없었다. 손주가 다니는 어린이집마저 코로나19로 문을 닫으면서 다른 가족도 바깥에 나갈 일이 거의 없었기 때문에 사회에서 보이는 바와 다르게 영희 가족에게 마스크 대란은 없었다. 남겨진 마스크를 보며 확인할 수 있는 것은 장애인인 둘째가 얼마나 사회적으로 고립되어 있었는가였다.

현재 추정된 국내 장애인 수는 2,668,411명으로 이들 중 일반가구에 거주하는 장애인이 2,580,340명, 시설에 거주하는 장애인이 88,071명이다.[4] 이 숫자는 전체 인구의 약 5%에 달한다. 눈에 띄지 않는 장애를 가진 사람들도 있을 것이다. 하지만 대체로 우리의 일상 속에서 장애인을 만나고 사회적으로 관계 맺는 기회는 거의 없는 것이 사실이다. 비장애인과 마찬가지로 일반적인 사회생활을 영위하고 있는 장애인은 소수에 불과하며 상당수의 장애인들이 가정 혹은 시설에 격리되어 있을 것으로 추정된다. 장애인에게 마스크를 무상배급한 것은 형평성의 측면에서 잘한 일일 것이다. 하지만 그전에 앞서 한국사회에서 장애인의 보행권 및 이동권이 과연 얼마나 보장되어 있는가에 대해서 다시 생각해볼 필요가 있다.

돌봄의 과부하

이제 영희의 손주 이야기이다. 손주가 다니는 어린이집은 코로나19와 무관하게 2월 마지막 주부터 방학에 들어갔다. 그 후에 손주는 집에 있었고, 엄마인 첫째도 학교에 가지 않고 손주를 돌보았다. 그런데 코로나19로 인해 개학이 무기한 연기되었다. 코로나19와 아직 차가운 날씨 탓에 바깥 활동을 하기도 어려웠고, 집에서 핑크퐁과 뽀로로로 노는 것도 한계가 있었다. 방문학습지도 중단되었고, 손주가 다니던 학원에서는 사태가 진정될 때까지 등원하지 말라는 연락이 왔다. 영희는 IPTV에서 키즈 패키지까지 구매해가며, 아이의 지루함을 달래려 했다. 첫째도 연구실에 안 나간 지 일주일이 넘게 되자 연구 진도에 차질이 생길 것을 염려하며 불안해했다. 영희는 딸의 그런 모습을 보는 것이 안타까웠다.

영희는 첫째에게 아이를 자신에게 맡기고 학교에 갈 것을 권유했다. 첫째는 감사해하며 연구실에 다시 나가기 시작했다. 하지만 한 사람이, 즉 60살이 넘은 여성이 혼자 하루 종일 암환자와 장애인과 세 살배기 아이를 동시에 돌본다는 것은 초인이 아니고서는 불가능한 일이었다. 식사가 가장 큰 문제였다. 영희는 먼저 세 살 손주가 먹을 음식을 따로 준비해야 했다. 세 사람의 식사는 모두 따로따로 이루어졌다. 영희는 남편과 영희 본인이 먹을 상을 차리기 전에 손주부터 먹였다. 그다음에는 둘째가 먹을 음식을 따로 식판에 담았다. 남편이 식사하는 동안에는 둘째에게 밥을 먹였다. 그런데 그 와중에 손주는 자기와 놀아달라고 떼를 쓴다. 그렇게 남편과 둘째의 식사가 끝나면 영희는 그제서야 자신의 식사를 했다. 거실 텔레비전 프로그램을 놓고 경쟁이 붙기도 했다. 손주는 어린이 프로그램을 켜달라고 했고, 둘째는 자신이 보고 싶은 영화를 틀어달라고 했다. 어느 한쪽이 양보하는 것은 이들에게 어려운 일이었다. 영희는 결국 지쳤다. 그렇다고 첫째에게 연구실에 나가지 말고 아이를 돌보라고 할 수도 없었다. 영희는 손주를 긴급돌봄으로 어린이집에 보내기로 한다.

한 달이 지났을까. 영희네 가족은 모두 지속된 고립에 지쳤다. 이번 주말에는 차로 여의도 한강 공원에 갔다. 주차장은 가득 차 있었다. 자전거 전용도로에는 끝없는 자전거 행렬이 펼쳐져 있었고, 잔디밭에는 가족과 친구들이 삼삼오오 모여 앉아 따뜻한 봄 햇볕을 쬐고 있었다. 아이들도 놀이터를 신나게 뛰어다니며 놀고 있다. 먼저 손주가 차에서 내려 놀이터로 달려갔다. 차에서 줄곧 내리지 않던 둘째도 햇살이 좋아서인지 차에서 잠깐 내려 불편한 몸을 이끌고 한걸음 한걸음을 내딛는다. 영희네 가족은 코로나19는 잠시 잊은 채 따사로운 봄 햇살을 맞으며 외롭고 지쳤던 지난 한 달을 위로받는다.

김미선

지금까지 살펴본 영희네 가족 이야기는 나의 가족 이야기이다. 영희는 나의 어머니이고 나는 그의 첫째 자녀이다. 코로나19 바이러스가 나의 가족에게 남들보다 좀더 무겁게 다가온 것은 사실이다. 하지만 나의 가족에 미친 영향이 완전히 새로운 경험은 아니었다. 다만 장애인과 환자에게 존재했던 고립과 격리, 그리고 포화상태에 이른 가족 돌봄을 재확인하는 시간이었다.

한국사회에서 상당수의 노인과 장애인 그리고 환자는 사회적으로 코로나19 사태 이전부터 고립된 생활을 하고 있었다. 이들은 시설에 있든 가족과 함께 있든 사회로부터 격리된 채 고독한 시간을 보내고 있다. 코로나19 사태는 이들에게 그나마 연결되어 있던 소수의 사회관계마저 끊어버리는 비극을 가져왔다. 시설(요양기관 혹은 병원)에 있는 이들에 대한 가족의 면회를 막았고, 이들 스스로 외부 사람과의 만남을 감염의 위험으로 인식하게 해 고립을 강화했다. 또한 마스크는 주어졌지만, 마스크를 쓰고 밖에 나갈 기회는 박탈했다.

감염의 공포는 장애나 병이 없는 다른 가족 구성원에게도 예외 없이 적용되었다. 자신이 전염병의 매개가 될 수 있다는 두려움, 가족의 생명에 위협이 될 수 있다는 두려움은 활동 범위를 제한하고 자기 검열을 하게 하며 스스로를 가두어버리는 효과를 낳았다.

코로나19에 의해 모든 가족 구성원이 가족 내부에 갇히게 되면서 돌봄의 수행은 소수 인원, 주로 여성에게 집중되며 그 피로는 더욱 누적된다. 영희, 나의 어머니는 장애인인 아들, 암환자인 남편, 세 살 손주에게 돌봄을 제공하고 있었다. 그나마 이것이 가능했던 것은 손주에 대한 사회적 돌봄이 제공되었기 때문인데 코로나19로 이마저 거부되면서, 어머니는 오롯이 이들에 대한 돌봄을 떠안게 되었다. 그리고 대학원생인 나는 생업을 중단하고 이들을 돌보는 일에 동원되었다.

나의 가족은 이런 상황을 더 이상 지탱할 수 없었다. 코로나19 사태는 진정되지 않았지만, 아버지는 산책을 나가기 시작했다. 아이는 어린이집에, 나는 연구실에 나갔다. 주말에는 나들이도 갔다. 나의 가족은 그렇게 다시 일상으로 돌아갔다. 하지만 돌아간 그 일상은 여전히 다른 가족의 일상과는 다른, 일상적이지 않은 일상이다. 고령의 '엄마'는 여전히 돌봄의 삼중고(남편, 아들, 손주 돌봄)에 놓여 있고, 암환자인 아버지는 여전히 코로나19뿐만 아니라 여러 가지 감염의 공포 속에서 스스로를 고립시키고 있으며, 장애인인 동생은 가족 밖 세상, 그 이상의 사회관계로 전혀 나아가지 못하고 있다. 나 역시 '엄마'의 돌봄 수행에 한 치의 오차라도 생기는 날에는 그 즉시 돌봄인력으로 투입될 수 있

김미선

다는 불안을 품고 일상을 보내고 있다.

우리 가족의 일상을 어떻게 하면 되돌려놓을 수 있을 것인가? 돌봄을 외주화한다면, 예컨대 동생을 돌보는 데 요양보호사의 도움을 받는다면, 또는 동생을 장애인 복지시설에 입소시킨다면 어머니의 부담을 덜어줄 수 있을까? 일상적인 일상으로 우리 가족의 일상을 돌릴 수 있을까? 이것은 우리 가족의 끊임없는 고민이었고, 코로나19 사태는 돌봄과 사회적 위험을 여전히 가족이 부담할 수밖에 없는 현실을 더욱 체감하게 했다. 가족 혹은 한 개인의 일상을 일상답게 하는 사회적 돌봄은 존재하는 것일까? 그리고 코로나19와 같은 사회적 위기 상황에도 사회적 돌봄이 작동 가능하려면 무엇이 필요한가? 이제는 이 고민을 가족을 넘어 사회가 해야 할 때이다.

주

1   노인주거시설은 노인복지생활시설 중 노인주거복지시설과 노인의료복지
     시설만을 포함한 것이다(일반주거가구에 거주하고 있는 노인여가복지시설
     과 재가노인복지시설은 제외하였다). 노인주거복지시설은 양로시설, 노인
     공동생활가정 및 노인복지주택을 포함하고, 노인의료복지시설은 노인요양
     시설 및 노인요양공동생활가정 및 노인전문병원을 포함한다.
2   KOSIS(국가통계포털) 자료.
3   2015년 메르스 사태 때, 림프종으로 항암치료 중이었던 80번 환자는 메르
     스로 172일의 투병 끝에 제때 항암치료를 받지 못해 암으로 사망했다.
4   장애인실태조사(2017) 자료.

7 노동

노동자는 기계가 아니다 공성식

공단 콜센터 노동자는 스스로를 "전화 받는 기계 같다"고 말했다. 아무런 존중도 권한도 없이 쉴 틈 없이 반복되는 노동에 내몰리는 콜센터 하청노동자는 기계와 다를 바 없는 처지다. 하지만 그들은 기계는 도저히 할 수 없는 노동을 수행하고 있다. 코로나19 시대 여기저기서 터져나오는 직장 내 집단감염은 노동자가 기계가 아닌 인간이라고 내지르는 외침은 아닌가.

콜센터·물류센터 집단감염 사건

2020년 3월 8일, 서울시 구로구에 위치한 19층의 주상복합건물인 코리아빌딩에서 코로나19 확진자가 발생했다.[1] 방역당국의 조치는 신속하고 단호했다. 바로 다음 날 코리아빌딩은 폐쇄되었다. 질병관리본부, 서울시 등은 합동대책반을 구성해 건물에서 일하는 922명의 노동자와 203명의 거주자, 20명의 방문자, 총 1,145명을 자가격리하고 코로나19 검사를 실시했다. 휴대전화 위치 데이터를 추적해 건물 근처에서 5분 이상 머물렀던 16,628명에게 문자를 발송했고, 다른 사람의 접촉을 피해 가장 가까운 검사기관에서 코로나19 검사를 받도록 했다.

하지만 코리아빌딩 내 감염은 이미 대규모로 확산된 상황이었다. 1,145명 중 97명이 확진 판정을 받았다. 확진자의 가족 34명을 포함한 61명의 2차 전파가 발생했다. 1차 감염자 97명은 9층에서 1명, 10층에서 2명, 11층에서 94명이 나왔다. 9층과 11층은 에이스손해보험 콜센터가 사용하고 있었고, 10층은 여러 사무실이 입주해 있었다. 11

층 콜센터에서 일하고 있던 직원 216명 중 43.5%가 감염되었다.

왜 11층 콜센터에서만 집단감염이 발생했을까? 하루 7시간 이상 전화 통화를 해야 하는 강도 높은 노동, 마스크를 착용하기 어려운 업무 특성, 개인 간 거리가 1미터도 되지 않는 밀집된 사무 공간은 비말을 통해 바이러스가 쉽게 퍼질 수 있는 최적의 조건이었다. 초기 감염자가 증상이 발현되고 나서 일을 계속했던 것도 감염을 키웠다. 11층의 최초 감염자는 2월 25일에 증상이 발현했다. 2월 28일 증상 발현자도 3명이나 있었다. 언론보도에 따르면 2월 말부터 발열과 두통 증세를 호소하는 직원이 있었으나 회사는 미열이라 괜찮다며 해열제 두 알만 주고 계속 일하게 했다고 한다.[2] 반면 확진자가 조기 발견된 9층 콜센터에서는 추가 감염이 없었다.

콜센터 집단감염 사건은 산업 현장의 코로나19 방역 조치가 얼마나 허술한지를 드러냈다. 사용자는 기본적인 방역 지침도 지키지 않았다. 정부가 뒤늦게 '콜센터 사업장 예방지침'을 발표하고 점검에 나섰으나 종교시설, 유흥시설에서 집단발병이 터졌을 때처럼, 사업장 폐쇄, 지속적인 현장 점검 같은 단호하고 끈질긴 조치는 없었다. 직장갑질 119가 3월 31일부터 4월 3일까지 콜센터 상담사 622명을 대상으로 정부의 예방지침 관련 설문조사를 한 결과 응답

공성식

자 59.2%가 "지침 발표 이후에도 코로나19로부터 안전하지 않다고 느낀다"고 답했다. 응답자 절반(50.5%)은 지침이 실효성이 없다고 답했다.[3]

정부가 산업 현장에서 방역 조치를 강화할 기회를 놓치고 K방역의 성공을 자화자찬하는 사이, 5월 중순부터 물류센터, 방문판매업체, 콜센터 등 곳곳에서 직장 내 집단감염이 줄줄이 이어지기 시작했다.

쿠팡 물류센터는 에이스손해보험 콜센터의 판박이였다. 밀폐되고 밀집된 근무환경이 집단감염의 토양이 되었다. 코로나19로 인해 물량이 크게 늘었지만 노동자 수는 그만큼 늘지 않아 노동자들은 쉴 새 없이 일해야 했다. 이러한 환경에서 마스크를 쓴다는 것은 불가능에 가까웠다. 현장 직원 97%가 3개월, 6개월, 9개월 단기계약 혹은 일용직이었다. 계약직은 재계약을 위해, 단기 알바는 일할 기회를 차단당할까 봐 아프거나 다쳐도 쉬지 못하고 허술한 방역 조치에 문제 제기도 할 수 없었다. 회사는 기본적인 방역 수칙도 지키지 않았다. 공용 장비는 소독은커녕 세탁도 제대로 이루어지지 않았다. 5월 23일에 최초 확진자가 발생했지만 오전에 서너 시간의 소독만 진행한 후 오후조는 정상 출근시켰다. 문자를 보내 다음 날 출근자를 모집하기도 했다. 25일에 또 다른 확진자가 나오고서야 물류센터는 폐쇄되었다.

산업 현장에서 코로나19 감염을 확실히 차단하려면 무엇이 노동자를 위험으로 내몰고 있는지 보다 심층적인 진단이 필요하다. 이를 위해 이 글은 사회보험 관련 공단에서 외주 위탁해 운영 중인 고객센터(콜센터) 노동자들을 인터뷰한 내용을 바탕으로, 기존의 연구 결과와 종합해 무엇이 콜센터를 코로나19 감염에 매우 취약한 환경으로 만들었는지 살펴보고자 한다.

고용의 외부화와 억압적 현장 통제

첫 번째 질문. 에이스손해보험 콜센터 사용자와 노동자 모두 콜센터의 노동환경이 코로나19에 극도로 취약할 수 있음을 잘 알았을 것이다. 코로나19뿐 아니라 독감이 유행할 때에도 집단감염은 비일비재했다. 그런데 왜 사용자는 방역을 위한 노력을 하지 않았을까?

외주화된 고용구조 속에 원청과 하청 사용자 모두 콜센터 노동자의 안전에 대한 책임을 회피했다. 콜센터 절반 이상이 외주화되어 있고, 콜센터 노동자 75%가 외주업체에서 일한다. 콜센터 업무는 원청의 업무와 매우 밀접한 연관이 있고 잘 분리되지 않는다. 하지만 콜센터 노동자는 하청업체와 고용 계약을 맺는다. 사용과 고용이 분리된 간접고용 구조다. 원청업체에게도 하청업체에게도 콜센터 노동자들은 '우리 직원'이 아니다.

공성식

어디 가서 소속을 써야 할 때 난감해요. 우리는 원청업체 직원도 하청업체 직원도 아니에요. 입사시에 사번을 부여받는데, 업체가 바뀌어도 사번은 바뀌지 않아요. 임금, 근태, 포상, 업무 상태를 원청에서 모두 실시간 관리해요. 하지만 자기 직원은 아니래요. ○○공단 고객센터 다닌다고 하면 다 공단 직원인 줄 알아요. 친구들이 물어보면 귀찮기도 하고 비참하기도 해서 그냥 보험회사 다닌다고 해요.

하청업체가 대기업 자회사라 계열사 매장에서 쓸 수 있는 포인트를 직원에게 뿌리거든요. 혹시나 해서 물어봤는데 저희는 지금 대상이 아니라고 하더라고요. 하청 본사 직원들이 그래요. 너희는 가짜 직원이라고.

원청도 하청도 노동자의 안전을 보장하기 위해 노력하지 않는다. 콜센터 노동자들이 사용하는 집기, 사무 공간까지 원청이 제공하는 경우가 대부분이다. 원청이 나서지 않으면 칸막이 설치나 거리두기와 같은 환경 개선은 어렵다. 하지만 원청은 책임을 회피하고 하청은 원청을 핑계로 할 수 있는 일도 하지 않는다. 재택근무나 순환근무를 하게 되면 업무 실적 저하는 불가피하고 계약에 따라 하청업체와 노동자가 불이익을 받을 수밖에 없다. 원청의 계약 변경 없이 재택근무나 순환근무는 불가능에 가깝다.

정부 지침에 처음에는 그래도 기대를 했어요. 더구나 이곳은 공공기관에서 운영하는 콜센터잖아요. 하지만 바로 기대가 무너졌죠. 4월에 새로 바뀐 하청사가 돈이 없어 마스크를 1주일에 한 개씩 주겠다고 해서 황당했어요. 칸막이요? 마주 보는 곳에만 칸막이를 해줬어요. 옆자리와는 뻥 뚫려 있죠. 옆으로는 침이 튀지 않는다고 생각하나 봐요. 옆의 직원은 바로 쳐다보며 이야기할 수 있어 더 위험한데, 원·하청 모두 현장을 모르는 거죠.

순환근무도 쉽지 않아요. 코로나19가 터진 다음에 일이 늘어서 휴가 내기도 어려운데요. 응대율이 떨어지면 계약금도 깎이고 인센티브도 줄어서 원청이 나서지 않으면 어려워요. 다음 달부터 원청에서 운영 평가를 시작한다는데 벌써부터 걱정이에요.

원청에게도 하청에게도 콜센터 노동자들은 그저 쓰다가 버리고 언제든 새로 교체하면 그만인 '일회용 노동력'에 불과하다. 업체 계약이 만료되면 주기적으로 해고될 수 있는 상황에서 노동자들은 자신의 권리를 주장하기 쉽지 않다. 저임금 노동시장이 광범위하게 형성되어 있는 상황에서 일할 사람은 충분하다. 그렇기 때문에 노동자들 역시 저임금 고강도 노동을 울며 겨자 먹기로 받아들인다.

이직요? 수천 번도 더 생각해봤죠. 하지만 결혼한 중년 여성이 어딜 가나 최저임금 받고 일하지 별 수 있겠어요. 그나마 익숙한 일 하는 게 낫죠. 일 자체에 보람도 있고요.

두 번째 질문. 증상이 나타난 초기에 노동자는 왜 쉬지 않았을까? 관리자는 두통을 호소하는 노동자를 왜 계속 일하도록 했을까?

콜센터의 노동과정은 '전자 파놉티콘'(Panopticon)으로 규정할 수 있다. 콜센터 관리자는 원격 감시 기술을 활용해 노동자의 콜 응대 상황을 모니터링하고 실시간으로 직접 들을 수도 있다. 상담원은 관리자가 감시를 하는지 안 하는지 알 수 없다. 이러한 정보의 비대칭성이 상담원으로 하여금 항상 감시받고 있는 상태를 내면화하게 만든다. 관리자의 통제권은 극대화되고 상담사는 스스로의 한계까지 작업 강도를 높이게 된다.

악성 민원을 상대하느라 통화 시간이 길어지면 관리자가 실시간으로 확인하고 채팅을 하죠. 이렇게 처리하라고, 저렇게 처리하라고 지시가 내려와요. 그때부터 내가 하는 일을 하나하나 다 보고 듣고 있다는 생각이 계속 들죠.

실시간으로 이루어지는 성과 체크와 이와 연동된 성과

급 체계는 노동자들 내부의 경쟁을 유도해 짧은 시간에 최대한 많은 콜 수를 소화하도록 전체를 밀어붙인다.

콜을 받지 않고 자리를 비우는 상태를 이석이라고 하는데요. 이석 시간을 체크해 1등부터 10등까지 상을 줘요. 별건 아닌데 그거 하나 가지고도 경쟁을 해요. 1등 하시는 분들 보면 하루에 1분도 쉬지 않아요. 화장실은 근무 시작 직전에 한 번, 점심시간에 한 번, 퇴근 전에 한 번, 하루 세 번만 가요. 급할 때는 대기 걸어두고 뛰어갔다 오기도 하고.

콜센터의 밀집된 노동환경은 단순히 비용 절감을 위한 것만은 아니다. 일반적인 경우라면 기업은 비용 절감을 생산성 감소가 상쇄시키는 어떤 지점까지만 밀집도를 높이려 할 것이다. 하지만 콜센터의 밀집도는 업무 효율을 저해할 수 있을 정도로 극단적인 수준이다. 관리자가 한눈에 볼 수 있게 밀집해 있고 칸막이도 없이 뻥 뚫린 작업환경은 감시와 통제 중심의 관리 전략과 동떨어져 생각하기 어렵다.

사무실 벽에 전자게시판이 크게 설치되어 있어요. 그 곳에는 전국 센터를 합쳐 대기 중인 고객 숫자가 표시돼요. 보통 천 명 떠 있어요. 엄청난 압박이 되죠.

공성식

전자감시 시스템이 만들어내는 콜센터의 노동강도는 상상 이상이다. 콜센터 노동자의 하루 평균 통화 건수는 87.38건, 하루 평균 고객 응대시간은 7.41시간이다.[4] 대부분의 노동자는 화장실도 제대로 가지 못하고 일해서 이로 인한 질병을 달고 산다. 이런 상황에서 아파서 힘들다고 쉴 수 있을까?

일이 몰리는 주간, 매주 월요일은 휴가를 가고 싶어도 갈 수 없어요. 그러다 보니 휴가원을 낼 수 있는 기간이 한 달에 8일 정도밖에 없어요. 병가요? 엄청 눈치 줘요. 사람이 빠져도 일은 그대로니까요. 동료들에게도 미안하고.

인센티브 상여금을 받아야 최저임금을 벗어날 수 있는 저임금 구조는 콜센터 노동자들을 성과급 경쟁과 초과노동으로 밀어넣는다. 노동자들은 아파도 쉬기보다 한 푼이라도 더 벌기 위해 출근을 선택한다. 에이스손해보험 콜센터의 임금은 최저임금인 기본급에 인센티브를 더해도 최대 월 200만 원에 불과한 저임금이었다. 소득이 부족해 에이스손해보험 콜센터에서 발생한 확진자 중 상당수가 투잡을 뛰었다. 주말에 편의점에서 일하기도 하고, 출근 전 새벽 시간대에 여의도 증권가에서 녹즙 배달을 하기도 했다.[5]

고용구조의 외부화와 억압적인 현장 통제는 동전의 양

면과도 같다. 기업은 저임금을 유지하고 고용 조정을 쉽게 하기 위해 외주화를 선택한다. 그런데 외주화는 서비스 품질의 저하로 이어질 수 있다. 회사가 직접 운영하는 경우에 비해 작업과정을 직접 관리하고 통제하기 어렵기 때문이다. 이러한 단점을 보완하기 위해 원청사는 하청 콜센터에 대한 간접적이지만 강력한 통제체계를 구축했다. 원청업체는 주기적으로 하청업체의 전화 응대율, 고객 만족도 등을 평가하여 결과에 따라 계약금액을 차감하거나 심지어 계약을 일방적으로 해지하기도 한다. 원청업체를 정점으로 하청관리자를 거쳐 노동자에 이르는 전자감시 체계와 성과관리제도를 활용해 노동자들의 헌신성과 자발성을 강요하고 있다. 한국형 콜센터의 관리 전략은 저비용-고감시 체제로 규정된다.[6]

외주화 자체가 위험을 생산한다

하청노동자가 더 많이 다치고 심지어 더 많이 죽으며 건강도 안 좋다는 것은 이미 수많은 연구와 통계자료에서 입증된 사실이다. 왜 하청노동자가 더 위험할까?

'김용균 사망사고 진상규명과 재발방지를 위한 석탄화력발전소 특별노동안전조사위원회'는 748페이지에 달하는 진상조사결과 종합보고서에서 외주화가 노동자의 안전과 건강에 어떻게 위해를 가하는지 꼼꼼하게 기록한다.

보고서의 결론은 이렇게 요약될 수 있다. 외주화는 업무와 소통을 단절해 위험 관리의 공백으로 이어진다. 외주화는 사용자의 안전 책임 회피로 이어진다. 외주화에 따라오기 마련인 저임금과 인력 부족은 안전을 위협한다. 외주화는 노동자에게 위험을 감수할 책임만 부여할 뿐 위험을 해결할 권한을 주지 않는다. 위험이 외주화될 뿐 아니라 외주화 자체가 새로운 위험을 생산한다.[7]

김용균 노동자를 죽음으로 내몰았던 외주화의 위험은 에이스손해보험 콜센터 사례에서도 마찬가지로 드러났다. 원청과 하청 모두 코로나19로부터 노동자를 보호하기 위한 기본적인 조치를 취하지 않았다. 사고가 터진 후에도 원청과 하청 사용자 모두 제대로 책임지지 않았다. 저임금과 억압적인 현장 통제 구조는 아파도 쉴 수 없는 환경을 만들었다.

만약 에이스손해보험 콜센터가 직영으로 운영되었다면 어땠을까? 원청 입장에서도 콜센터에 집단감염이 발생하면 커다란 손해이기 때문에 미리 앞서서 최소한의 방역 조치를 취했을 가능성이 높다. 노동자들도 방역을 강화해 달라고 요구하기 더 쉬웠을 것이다.

하청노동자는 더 많이 아파도 덜 쉰다. 고려대 보건과학과 역학연구팀과 이화여대·토론토대 연구진의 연구 결과에 따르면 하청노동자는 원청노동자에 비해 몸이 아픈데도 참고 일한 경험이 있는 경우가 2배 이상 높게 나타났다. 반면 몸이 아파서 직장 일을 하루 이상 쉬었던 경험에 그렇다고 응답한 비율이 30퍼센트 이상 낮았다. 언제 해고될지 모르고 또 계약을 갱신해야 하는, 또 쉬는 만큼 그대로 월급이 깎이는 비정규직 노동자들은 연차나 병가를 쓰지 못한 채 몸이 아파도 참고 일하고 있었다.[8] 아파도 쉴 수 없는 하청노동자의 상황이 코로나19 집단감염으로 이어졌다.

외주화는 정보통신기술의 발달과 함께 새롭게 진화해 왔다. 데이비드 와일(David Weil)은 미국에서 고용이 외부화되는 현상을 '균열일터'로 개념화하며 균열일터를 추동하는 요인으로 수익과 비용의 긴장을 해소하기 위한 '접착제'(조직화) 기능에 주목한 바 있다.[9] 여기서 접착제란 기업들이 하청업체들이 따라야 할 분명하고 명시적이고 상세적인 기준을 마련한 다음, 이를 지속적으로 점검하고 위반시 실질적인 비용 부과가 가능하도록 짜여진 계약 내용 및 조직구조를 의미한다. 즉, 고용의 외부화가 갖는 기술적 한계는 노동과정에 대한 직접적인 지시와 통제를 하지 않더라도 그 이상의 노동량을 추출하고 생산의 효율성을 달성할 수 있는 기술과 조직에 달려 있게 된다. 앞서 살펴본 것처럼 콜센터 원청기업은 실적 평가에 계약을 연계하고 고강도 전자감시 체제를 확립해 수익과 비용의 긴장을 해결한다.

이러한 전자감시 시스템에서 노동자는 주어진 목표에

공성식

따라 업무를 수행하고 성과에 대한 평가를 받는다. 원청기업은 굳이 노동자를 직접 고용하여 직접 지시하고 감독하지 않더라도 디지털 기술을 활용해 간접적으로 통제가 가능하다. 사용자는 직접적인 고용관계를 맺지 않더라도 고용의 성립과 종료에 관한 주도권 및 노동조건에 대한 결정권만 가지고 있다면 노동자를 자본의 생산과정에 전통적인 고용관계보다 더 강력하게 종속시킬 수 있다.[10]

쿠팡 수습 배송 노동자의 죽음

전자감시에 기반한 작업 통제는 노동자의 안전에 치명적일 수 있다. 그 대표적인 사례가 3월 초에 발생한 쿠팡 수습 배송 노동자의 죽음이다.

3월 초, 쿠팡 수습노동자가 새벽 2시 배송 업무 중 엘리베이터도 없는 5층 빌라 건물을 반복적으로 오르내리다 심정지로 쓰러졌다. 그리고 병원으로 옮겨졌지만 끝내 숨졌다. 공식 사인은 허혈성 심장질환이었다. 고인은 생전에 "밥 먹을 시간 없이 일한다", "화장실 갈 시간 없이 일한다"고 가족과 지인들에게 호소했다고 한다.

회사 측은 코로나19로 인해 전체 물량이 늘기는 했지만 배송 노동자의 평균 배송 가구 수, 평균 배송 물량은 큰 차이가 없고 신입은 일반 배송 노동자의 5~65%의 물량만을 배정한다며 과로로 인한 죽음을 부인했다. 하지만 현장 노동자들은 그 정도로도 충분히 가혹하다고 증언한다. ○○지역 캠프(물류센터)의 2020년 2~3월 1인당 평균 배송 물량은 하루 294건이었다.[11] 회사의 해명대로라고 해도 최소 하루 150~190개를 배송해야 했다는 뜻이다. 2018년 택배 노동자 1인당 하루 평균 배송량이 177개임을 감안했을 때 적지 않은 물량이다.

코로나19 발생 이전에도 쿠팡 배송 노동자의 노동강도는 한계치에 도달해 있었다. 쿠팡은 설립 이래 공격적 투자와 마케팅으로 눈부신 성장을 했다. 일일 배송량이 2014년 이후 10배 이상 늘었다. 하지만 배송 노동자의 증가는 이에 턱없이 못 미쳤다. 1인당 배송 물량은 2015년에 비해 3~5배가량 증가했다. 쿠팡은 직접고용 인력을 늘리는 대신 플랫폼 기반 시스템을 도입해 외주 인력을 늘리고, 내부 경쟁 시스템을 강화해 노동강도를 높여 늘어난 물량을 감당해왔다.

쿠팡의 직접고용 배송 노동자는 정규직 30%에 기간제 70%로 구성된다. 기간제는 다시 수습, 노멀(normal), 라이트(light)로 등급이 나뉜다. 정규직이 되어도 업무 평가에 따라 9개의 등급으로 나뉘어져 임금을 차등해서 받는다. 신입은 3개월 뒤 재계약을 위해, 라이트는 노멀이 되기 위해, 기간제는 계약 연장과 정규직화를 위해, 정규직은 임금 레벨을 올리기 위해 끊임없이 몸을 축내가며 동료와 경쟁해야

공성식

한다. 자연스럽게 노동강도는 올라가고 회사는 인원 충원 없이도 늘어난 물량을 해결할 수 있다. 누구나 노력하면 정규직이 되고 최고 등급을 받을 수 있을 것 같지만 대부분이 다치거나 지쳐서 회사를 그만둔다. 나이스기업정보에서 제공하는 정보에 따르면, 쿠팡의 연간 퇴사자는 5,409명으로 퇴사율 78.99%다.[12]

쿠팡은 2018년부터 플랫폼을 기반으로 한 새로운 배송 시스템을 도입했다. 플랫폼 노동자들은 일일 단위로 운송 계약을 맺고 자신의 차량을 이용해 배달을 수행한다. 이들은 직접고용된 배송 노동자와 달리 개인 사업자 신분이며 배송건당 수수료로 보수가 책정된다. 수수료는 배송 지역·시간·물량·배송 노동자의 수에 따라 실시간으로 변한다. 한정된 일감을 두고 노동자들 사이에 출혈적 경쟁이 벌어질 수밖에 없다. 플랫폼 배송단가는 서비스 초기의 주간 기준 750원에서 500~700원까지 떨어졌다. 쿠팡은 코로나19로 인해 늘어난 물량의 상당 부분을 플랫폼 노동자 수를 늘려 해결하고 있다. 코로나19 특수가 끝나면 일일 단위 계약 수를 줄여서 손쉽게 고용을 조정할 수 있다. 기업이 시장 상황에 따라 고용과 임금까지 신축적으로 조정할 수 있는 극단적 노동유연화 시스템이다.

쿠팡은 다른 회사와 달리 배송 노동자를 직접고용하여 처우 개선에 노력한다고 홍보해왔다. 하지만 절반 이상의 배송 물량을 외부화된 플랫폼 노동자로 해결하고 있고, 직접고용 노동자의 70%를 차지하는 기간제 노동자는 플랫폼 노동자와 처지가 크게 다르지 않다. 기간제 노동자는 플랫폼 노동자와 마찬가지로 계약이 끝나면 재계약이 보장되지 않는다. 단지 그 시기가 3개월, 1년이냐 아니면 1일이냐의 차이만 있을 뿐이다. 기간제 노동자 역시 최저임금 수준의 고정급이 있지만 배송 실적에 따라 임금 등급도 나뉘고 인센티브도 상당해서 건당 임금의 성격이 강하다. 기간제 노동자는 근로기준법의 적용 대상이어서 8시간 노동에 1시간 휴식이 보장되고 주 52시간 상한의 보호를 받지만, 실제로는 휴식 시간이 있어도 제대로 쉴 수 없고 무한경쟁에서 살아남으려면 정해진 시간보다 일찍 출근해서 늦게 출근하는 무료 노동을 추가로 해야 한다.

정규직, 기간제, 플랫폼 노동자에 이르는 무한경쟁 체계는 실시간 전자감시 시스템에 의해 뒷받침된다. 앱을 통해 고객의 배송 요청 사항을 전달받고 배송 결과를 보고한다. 회사는 상시적으로 노동자의 위치와 배송 상황을 확인하고 관제할 수 있다. 만약 주어진 시간 내에 물량을 배송하지 못하면 해당 물량은 다른 노동자에게 인계된다. 보수도 줄어들지만 이후 재계약에서 불이익이 생길 수 있다. 이 회사에서 계속 일을 하려면 실시간 경쟁에서 남들보다 빠르게 움직여야 한다.

이런 상황에서 수습노동자가 힘들어도 잠시라도 쉴 수 있었을까? 회사가 실시간으로 자신의 배송 실적을 들여다보고 있다는 압박 속에, 엄청난 중압감을 느끼며 힘들어도 계속 움직이지 않을 수 없었을 것이다. 결국 쓰러진 그를 발견한 것도 회사의 실시간 전자감시 시스템이었다. 배송 업무가 중단되자 회사가 주변에서 일하던 노동자에게 그를 찾아보라고 한 것이다. '배송 멈춤'이 그가 세상에 보낸 마지막 신호였다.

코로나19 이후의 노동

지난 수십 년간 경제위기는 고용의 외부화가 확대되는 주요한 계기였다. 기업은 경제위기를 구조조정의 기회로 활용해왔다. 수익성이 낮은 부문은 과감히 외주화하고, 불황 타개를 위한 규제 개혁을 정부에 요구해 관철해내기도 했다. 이미 경총과 전경련 등 경영계는 코로나19 시기를 맞아 해고 규제 완화를 비롯해 각종 규제 완화를 요구하며 정부를 압박하고 있다.

코로나19 상황이 끝나면 고용 조정뿐 아니라 작업과정 등에 있어서도 커다란 변화가 일어날 것이다. 디지털 전환이 가속화되며 기업의 구조조정이나 작업과정 혁신을 지원할 것이다. 비대면 서비스의 성장, 무인화·자동화의 확산, 재택근무 확대와 노동과정의 변화 등 여기저기서 '언택트' 바람이 불고 있다. 정부도 '디지털 일자리'를 중심으로 한 한국형 뉴딜을 추진하겠다며 전폭적 지원에 나섰다. 하지만 노동권을 보장하기 위한 제도적 보완 없이 무분별하게 진행되는 디지털 전환은 노동자의 안전을 더 크게 위협할 수 있다.

현대 사회의 노동법규와 사회 보호는 '노동=고용'이라는 등식을 전제로 발전해왔다. 자본주의하에서 노동의 지배적 형태가 '고용'[13]이었기 때문이다. 자본가가 임금을 대가로 구매한 노동자의 노동력을 최대한 추출하기 위해서는 노동자를 사용자의 지시권 아래에 종속시켜 노동의 규율을 확립하고 잘 설계된 분업 체계 속에서 관리할 필요가 있었다.

하지만 콜센터와 배송 노동자 사례처럼 사회 변화와 기술 발전, 제도 변화 등은 고용을 외부화할 뿐더러 노동 자체와 고용의 결부를 해체하고 있다. 기업이 노동자를 고용해 직접적인 지시권을 행사하지 않더라도 유보적·간접적으로 지배권을 유지하며 노동력 추출을 극대화할 수 있는 기술과 제도가 출현하고 있다. 기존의 노동법규와 사회제도로는 보호되지 않을뿐더러 개별화되고 불안정한 수많은 노동이 생겨나고 있고 기존의 노동도 그런 방향으로 변화하고 있다. 코로나19 이후의 시대, 디지털 전환이 더욱 가속화되는 상황에서 노동을 보호하기 위한 새로운 권리 장전의 마련이 시급하다.

우리는 기계가 아니다

○○공단 콜센터 노동자는 인터뷰 말미에서 스스로가 "전화 받는 기계 같다"고 말했다. 아무런 존중도 권한도 없이 쉴 틈 없이 반복되는 노동에 내몰리는 콜센터 하청노동자는 기계와 다를 바 없는 처지다. 하지만 그들은 기계는 도저히 할 수 없는 노동을 수행하고 있다. 콜센터 서비스는 상담 노동자와 소비자의 실시간 상호작용 과정에서 생산된다. 콜센터 노동자의 감정노동, 학습능력, 사회성, 해당 분야에 대한 지식 등이 콜서비스 품질의 많은 부분을 결정한다.[14] 하청도 원청도 콜센터 하청노동자에게 이를 위한 지식과 기술을 제대로 가르쳐주지 않는다. 약간의 교육을 받고 현장에 투입된 콜센터 노동자들은 무수한 경험 속에, 무수한 모멸과 어려움 속에 스스로를 숙련시킨다. AI 기술이 지금의 몇 배로 발전해도 도저히 따라 갈 수 없는 능력이다. 인간의 구체적인 노동이야말로 생산의 원천이다.

50년 전, 청년 전태일은 "근로기준법을 준수하라", "우리는 기계가 아니다", "일요일은 쉬게 하라", "노동자를 혹사하지 말라", "내 죽음을 헛되이 말라"고 외치며 스스로를 근로기준법과 함께 불살랐다. 코로나19 시대 여기저기서 터져나오는 직장 내 집단감염은 노동자가 기계가 아닌 인간이라고 내지르는 외침은 아닌가.

프랑스 법학자 알랭 쉬피오(Alain Supiot)는 상병휴가나 질병휴직과 같은 제도가 도입되고 발전된 까닭을 다음과 같이 설명한다. "이러한 제도가 노동법에서 성공을 거두고 독특한 발전을 이룰 수 있었던 까닭은, 그러한 제도가 노동을 상품으로 바라보는 관점을 잠시 괄호 속에 묶어두고, 인간 신체의 건강과 재생산에 관련되어 있는 노동의 비상품적 가치를 존중하도록 할 수 있었기 때문이라는 사실에서 비롯된다. 노동계약의 일시정지 제도는 노동자의 복지가 재화로서의 노동보다 우선하며, 인격이 사물보다 우선한다는 것을 의미한다. 그리고 계약적 장치가 잠시 멈춘 사이, 새로운 성질의 법적 관계가 노동자와 사용자 사이에 맺어지는데, 이것은 좀더 인간적이고, 좀더 지속적이며, 급부의 상호교환 관계와는 다른 것이다."[15]

코로나19 시대, 그리고 코로나19 이후 시대의 노동의 권리는 바로 이러한 정신 위에 세워져야 한다.

공성식

주

1 이하 코리아빌딩 집단발병 관련 역학조사 결과 및 방역 조치에 대한 세부 내용은 다음을 참고했다. Park SY, Kim YM, Yi S, Lee S, Na BJ, Kim CB, et al., "Coronavirus Disease Outbreak in Call Center, South Korea," *Emerging Infectious Diseases* 26(8), 2020.

2 「증상 호소했지만… "미열이네" 근무시켰다」, MBC 뉴스, 2020. 3. 14.

3 「[정부 예방지침 발표에도] 콜센터 상담사 10명 중 6명 "안전하지 않다"」, 『매일노동뉴스』, 2020. 4. 6.

4 정흥준, 『콜센터 산업의 효율적인 인적관리와 고용관계의 전략적 변화에 관한 연구』, 한국노동연구원, 2016, 62~63쪽.

5 「평일 콜센터, 휴일 편의점… '쉴 수 없는' 노동자의 비애」, 『한겨레신문』, 2020. 3. 13.

6 앞의 책, 15쪽.

7 김지형 외, 『고 김용균 사망사고 진상조사결과 종합보고서』, 고 김용균 사망사고 진상규명과 재발방지를 위한 석탄화력발전소 특별노동안전조사위원회, 2019.

8 김승섭, 『아픔이 길이 되려면』, 동아시아, 2017, 123쪽.

9 데이비드 와일, 『균열일터: 당신을 위한 회사는 없다』, 송연수 옮김, 황소자리, 2015.

10 박제성, 「디지털 노동관계와 노동법」, 『노동법연구』 42호, 2017, 375~381쪽.

11 「쿠팡의 무한경쟁 시스템, 죽음의 배송 규탄 기자회견」, 공공운수노조 공항항만운송본부 보도자료, 2020. 3. 18.

12 나이스기업정보(2020. 4. 30).

13 고용이란 고용되는 자(노동자)가 고용하는 자(사용자)에 대해 노무를 제공

할 것을 약정하고 고용하는 사람이 그 노무에 대하여 임금을 지급할 것을 약
정함으로써 성립하는 계약(민법 제655조)으로 정의된다.

14 앞의 책, 9~10쪽.

15 알랭 쉬피오, 『노동법비판』, 박제성 옮김, 오래, 2017, 93~94쪽.

8 의료

면역이라는 커먼즈와
좋은 의료를 위한 투쟁

백영경

결국 전염병의 확산 속에서 우리가 깨달아야 할 것은 개개인이
단지 독립된 단자가 아니라 연결되어 있는 존재라는 사실이며,
언제나 인간 이상의 존재들로 구성된 세계를 살아간다는
사실이다. 인간이 환경 속에서 살아가는 것이 아니라 우리는
서로에게 환경이며, 그 우리는 단지 인간만을 의미하지 않는다는
사실을 절감하게 된다.

왜 지금 '비대면 진료'인가

비대면 의료의 기세가 무섭다. 한국정부의 방역 모델, 소위 K-방역이 성공을 거두고 있다는 평가 속에서 정부는 마치 기다렸다는 듯이 비대면 의료를 밀어붙이고 있다. 비대면 의료 시범사업의 확대는 포스트 코로나 시대에 대비하기 위한 한국판 뉴딜의 3대 프로젝트와 10대 중점과제 가운데 하나로 부각되고 있다. 코로나19 확산에 따른 사회적 거리두기 과정에서 한시적으로 확대 시행한 비대면 의료 서비스를 아예 제도화하고자 추진하기 시작한 것이다. 이 흐름의 물꼬를 튼 것은 문재인 대통령이다. 4월 14일 국무회의에서 "디지털 기반 비대면 산업을 적극적으로 육성해야 한다"고 언급한 데 이어 5월 10일 취임 3주년 특별연설에서도 비대면 의료 서비스를 포스트 코로나 시대 개척을 위한 중점 육성 사업으로 꼽았다. 13일에는 김연명 청와대 사회수석이 더불어민주당 당선인 대상 강연에서 코로나19 때 감염병예방법에 따라 한시적으로 허용한 전화상담 진료 실적이 17만 건 정도 되지만 큰 문제가 없었다며 이후 확대

추진 방침을 밝혔다.

이어서 17일에는 이미 수차례 계속 늦춰진 고3들의 20일자 등교개학을 확인하는 자리에서 정세균 총리가 비대면 의료 추진 방침을 다시 한 번 확인했다. 그는 코로나19 환자를 진료하다 감염돼 숨진 의사를 거론하면서 "휴대전화나 다른 ICT 기기를 통해 (진료)했다면 그런 불상사가 없었을 터"라며 비대면 의료의 필요성을 다시금 역설했다. 청와대는 70%에 달한다는 대통령 지지율을 업고 비대면 의료의 확대는 대통령의 의지라는 이야기를 흘리고 있다. 90대의 나이에 지병을 앓고 계셨던 모친이 의사 진료를 받기 위해 병원까지 대중교통을 이용해 직접 나가야 하는 불편함을 지켜봤기 때문에 추진하게 되었으며, 몸이 불편한 어르신이나 장애인 등이 직접 병원에 가지 않고도 편하게 진료를 받을 수 있는 방안을 마련하다 보니 나온 것이라며 대중들의 감성에 호소한다. 듣다 보면 감염병 창궐의 시대에 비대면 진료는 반드시 필요한 의료고, 타성적으로 도입에 반대하는 집단들이 문제라고 믿어주고 싶을 지경이다.

하지만 자가격리 감시를 위해 도입하려고 했던 전자팔찌가 논란이 되자 '안심밴드'로 이름을 바꾸는 것과 마찬가지로, 지난 20년간 논란이 되어온 원격의료를 유행에 맞춰 '언택트', '비대면' 진료라면서 슬쩍 명칭만 바꿔 추진하는 것 아닌가 하는 의심 외에도 수상쩍은 지점은 많다. 병원을 찾아가기 어려운 환자가 많으면 왕진 의료를 확대하면 안 되나? 지병이 있는 90대 노인들더러 이제는 휴대전화나 ICT로 진료 받으시라고 하면 롯데리아에서 키오스크로 주문해야 하는 것 이상으로 당황스럽지는 않을까? 무엇보다 비대면으로 진료했다면 의사가 환자로부터 감염되어 사망에 이르는 일은 없었을 것이라니, 그럼 코로나19에 걸린 환자는 기계 너머에서 혼자 앓고 저절로 나을 수 있다고 믿는 것일까? 17만 건이라는 숫자가 보여주듯이 이미 필요한 만큼은 다 하고 있다고 보이는 상황에서 이토록 서두르는 것도 미심쩍은 일이다. 과연 이 시점에서 한국의 의료를 두고 가장 필요한 이야기가 비대면 진료의 확대인 것일까?

이 글은 아무리 사소해 보이는 쟁점을 건드려도 온갖 해묵은 갈등과 복잡한 얽힘의 역사가 고구마 줄기처럼 튀어나온다는 한국 의료의 문제를 본격적으로 다룰 능력도 없지만 그럴 의도도 없다. 지금 원격의료를 둘러싼 논쟁 뒤에 어른거리고 있는 의료민영화 논쟁이나 공공성 논쟁 역시 짧은 지면으로 톺아볼 수 있는 주제는 아니다. 그보다는 비대면 의료 혹은 원격의료냐 공공의료의 확대냐 하는 논쟁을 하다 보면 사라지기 쉬운 전제들을 짚어보고자 한다. 현재 바이오산업과 비대면 의료를 밀어붙이는 원동력으로 작용하고 있는 K-방역의 성공은 정말 성공인가 하는 문제를 포함해서 말이다.

K-방역의 빛과 그림자

한국의 방역이 처음부터 칭송을 받았던 것은 아니었다. 중국발 입국자 통제 논란과 마스크 수급 소동 속에서, 코로나19 확산 초기에는 선거에서 여권에 타격이 올 거라는 전망이 나올 지경이었다. 또한 확진자 수가 줄어들어 안정화되는가 하면 한 번씩 크게 치솟는 양상이 반복되기도 했다. 신천지 관련 집단 감염으로 큰 파문이 일었고, 요양·정신병원에서, 그다음에는 콜센터에서 발생한 집단감염은 한국사회의 어두운 면을 가차 없이 드러냈다. 사실 한국의 방역 결과에 대한 칭송은 상대적인 면이 크다. 지금 유럽이나 북미에서 벌어지는 참상을 보고 있노라면 한국에서 무슨 일이 벌어지든 간에 비판의 대상이 되기는 어렵다. 정부가 나서서 바이러스의 위험을 부정하면서 시민을 위험에 빠뜨리고 전문가의 권고를 무시하는 국가들도 많은 상황에서, 신속하고 단호하게 필요한 조치들을 시행하는 질병관리본부의 모습이나 그 권고를 받아들여 시행하는 행정부의 모습은 시민들이 공포에 빠지지 않고 일상을 영위할 수 있었던 지지막이었다. 그러나 방역의 성공 속에 가려진 이면이 있는 것도 부정할 수 없다. 신용카드와 핸드폰을 이용해 개인의 행적을 모두 터는 데 채 10분이 걸리지 않는다며 방역당국이 외신을 불러 자랑을 해도 이에 대한 비판은커녕 경계의 소리조차 내기 힘들다. 갑자기 코인 노래방이 문제라고 하고

백영경

고등학생이 거기서 감염되었다고 하니, 19세 미만만 입장을 금한다는 행정명령을 내려도 근거를 묻지 않을 만큼 방역의 명분은 강력하다. 방역의 명분이 내가 아닌 타인의 권리를 제약하는 경우에는 더 그렇다.

그렇게 방역에 전력을 다하면서도 불안한 사람들은 계속 불안하고, '거짓말 강사' 한 명 때문에 몇 명이 감염되었는지를 상세하게 꼽아가면서 성공적인 방역에 해를 끼친 확진자들을 범죄자 취급 한다. 혐오의 대상은 처음에는 중국인으로부터 한국 내의 조선족 동포들로, 신천지 신자들을 거쳐, 대구라는 지역 전체로, 최근에는 성소수자들로 이어져, 비난과 혐오의 말이 난무해도 이는 부수적인 문제가 되었다. 완치된 이후에도 한때 환자였던 사람들은 계속 차별에 시달리고, '덕분에'라며 캠페인을 하면서도 지역사회에서는 의료진이나 그 자녀들을 기피한다. '날라리처럼 춤추다가 확진자 되어서 좋겠다'면서 같은 아파트 주민끼리 플래카드를 붙여 비난하는 일이 발생해도 등교개학을 앞두고 얼마나 분통이 터졌으면 그러겠냐며 이해를 받는다.

이러한 차별과 혐오는 시민들의 인권의식이 부족해 생겨나는 일이기도 하지만 K-방역이라고 알려진 한국적 방역의 성공과 무관하지 않아 보인다. 한국은 전면적인 봉쇄 없이 정보통신기술과 진단기술을 활용한 선제적인 대응과 시민들의 협조로 코로나19의 확산을 성공적으로 막아낸 사례로서 세계의 주목을 받고 있다. 소위 선진국이라고 하는 나라들에서 벌어지는 참상과 비교할 때 현재 한국 상황은 시민으로서 자부심을 가져 마땅할는지도 모른다. 만약 다른 나라같이 대규모로 확진자가 나왔다면 한 사람 한 사람의 감염경로를 파악하는 것도 불가능했을 것이며, 누가 어디서 옮았는지를 따지는 것도 무의미한 일이 되었을 것이니 말이다. 하지만 한국의 경우는 방역 초기부터 거의 모든 확진자의 동선을 추적할 수 있었고, 그들과 밀접접촉한 사람들까지 바로 격리하는 방식으로 감염의 확산을 관리할 수 있었다. 그 과정에서 개인정보 노출과 감시기술의 과도한 적용 문제에 대한 우려도 있었지만 시민들은 방역을 위해 그 필요성을 상당 부분 인정하고 수용해온 셈이다.

현재를 지배하는 정서는 해외에서 칭찬하는 K-방역에 대한 자랑스러움, 실제로 상대적으로 매우 안전해 보이는 나라 대한민국에 대한 안도감이다. 언제까지 이렇게 살아야 하는가 하는 피로감과 간간히 터져나오는 집단감염 사태로 인한 불안감, 안정을 위협하는 일부 불순세력에 대한 분노가 혼재한다. 우리는 K-방역의 성공을 이야기하지만 문제는 코로나19 상황이 한국만 잘해서 종식될 수 있는 것도 아니고 전파력이 매우 높은 신종 코로나 바이러스의 특성상 잠잠해졌다가도 언제든 다시 출현할 수 있다는 데서 나온다. 머리로는 어쩔 수 없다고 생각하지만, 개별 사례들을 두고는 많은 사람들이 '나'는 사회적 거리두기를 하면서 전체의 안녕을 위해 조심을 했는데 '일부' 부주의한 사람들 때문에 방역에 구멍이 뚫렸다는 생각에 분노한다. 특히 국제적으로 K-방역에 대해 칭송하는 소리가 높아진 상황에서 출현하는 확진자는 국가적 성취를 훼손하는 오점으로 비난받는다. 코로나19라는 게 한 국가가 홀로 종식시킬 수 없다는 것을 알면서도 발본색원을 추구하는 방역당국이나 마찬가지로, 확진자라는 이름을 가진 동료시민들의 색출과 추방을 허용하는 정도를 넘어, 나서서 재촉하는 모습은 K-방역 성공의 이면이기도 하다.

방역, 전쟁의 상상력과 면역의 상상력

흔히 감염병 사태를 이야기할 때 우리의 상상력을 지배하는 것은 전쟁의 은유이다. 실제로 우리 정부는 코로나19와의 전쟁에서 반드시 승리하겠다는 다짐을 내놨고, 이는 해외 다른 정부들도 다르지 않았다. 언론이 익숙하게 사용하는 '어느 지역이 뚫렸다'는 표현 역시 전쟁의 이미지이며, 질병과의 전쟁인 동시에 경제와의 전쟁이라는 말도 그렇다. 방역이라는 말 자체는 역병을 막는다는 뜻인데, 왜 방역은 전쟁이 되고 안팎의 적을 섬멸하는 이미지가 되는지도 생각해볼 문제이다. 이러한 전쟁의 비유는 우리가 싸우는 대상이 바이러스라고 생각하기 때문에 나온다. 하지만 전쟁의 상상력이 문제인 것은, 결국 전체를 위해서는 소수가 희생될 수도 있고, 승리에 도움이 되지 않는 집단에 대해서는 비난이 가해질 수밖에 없다는 점 때문이다. 실제로 우리 사회에서 집단감염이 출현한 장소들은 감금시설에 가까운 요양·정신병원, 비정규직 노동자들의 일터와 숙소였다. 종교시설과 클럽 이용자들이 비난받지만 구체적인 면면을 보면 대단한 범죄자나 일탈자라고 보기는 어렵다.

　　이와 관련해 확진자가 발발하는 양상을 보면 한국적인 특성이 눈에 띈다. 한국보다 먼저 코로나19 사태를 겪은 중국의 연구 결과에 따르면 남성이 여성보다 이번 바이러스에 더 취약하다고 한다. 한국에서도 치명률은 남성에게 더 높이 나타나고 있고 사망자 수도 남성이 더 많다. 하지만 확진자 수에서는 여성, 그 가운데서도 20대 여성들이 유독 많다는 것이 한국의 두드러진 특징이다. 이제까지 집단발병이 일어난 종교시설, 체육시설, 요양시설, 근로여성임대아파트는 모두 여성들의 활동이 두드러지는 공간이다. 요양시설의 돌봄노동자나 콜센터 노동자들의 노동조건이 열악하다는 사실은 이미 알려져 있지만, 일의 특성상 대면 접촉이나 집단 근무를 피하기가 어려운 노동자들 가운데는 여성이 압도적으로 많다. 주거복지의 사각지대에 살고 있는 경우가 많으니 집단발병 사례는 여성에게 집중되는 양상을 띠게 된다. 신천지에 몰입한 20대 여성들이 많다는 사실 역

　　　　　　　　　　　　　　　　　　백영경

시 청년 여성들이 처한 현실과 무관하지 않을 것이다. 이렇게 한국의 많은 여성들이 처해 있는 열악한 삶의 조건은 결국 소위 '방역의 구멍'이 되어 돌아오고 있다.

다른 사례로 확진자 동선 공개 문제를 들 수 있다. 동선이 분 단위로 공개돼 거주민은 물론 지역을 통과하는 사람에게까지 경보음과 함께 핸드폰 재난문자로 전달되는 상황이 K-방역의 성공을 이끌어냈다는 지적이 있다. 하지만 이는 좋은 의미에서든 나쁜 의미에서든 기술강국인 대한민국이 아니면 가능하지 않을 일일 터이다. 감염자의 성별과 연령까지 특정해 동선을 알려주게 되면서, 감염자들은 본인은 물론 가족의 신상까지 노출되고 행적에 대한 비판을 감당해야 했다. 그러다 보니 코로나19에 걸리는 것보다 걸렸을 때 동선이 공개되는 것이 더 무섭다는 사람들이 한둘이 아니었고, 급기야 국가인권위원회에서도 확진자의 자세한 동선 공개가 인권 침해 소지가 있다는 의견을 내놓았다. 하지만 지방자치단체 차원에서는 제대로 지켜지지 않는 경우가 많았고, 이리저리 연결된 지역 내에서 확진자 신상이 밝혀지는 걸 완전히 막는 것은 애초에 불가능한 일이었다.

자세한 행적 공개는 누구에게든 뜻하지 않은 곤경을 안겨줄 수 있지만 소수자들에게는 더욱 두려운 일이었다. 이태원 클럽에서 집단감염이 발생한 직후 언론이 '게이 클럽'을 감염의 진원지로 지목하면서 우려는 현실로 나타났다. 그러자 확진자와 접촉 가능성이 있는 사람들이 검사에 응하지 않고 숨어버릴까 봐 걱정된 방역당국이 직접 나서서 차별은 도움이 되지 않는다며 언론에 혐오발언 자제를 요청했다. 방역에 필요하니 차별을 자제해야 한다는 말을 듣고 있노라면, 방역이 아니면 차별해도 되냐는 삐딱한 마음이 바로 들기도 한다. 그러나 어쨌든 정부당국이 나서서 불법노동자가 아니라 미등록노동자라고 호명하면서 이들에게 추방 걱정 없이 검사를 받으라는 홍보를 하고, 성소수자들을 위해 익명 검사를 도입한 것은 나름의 큰 진전이었다. 결국 인권에 대한 고려 없이는 방역도 불가능하며, 사회의 약한 고리는 '방역의 구멍'이 될 수 있음을 인정한 셈이라는 사실이 중요하다.

직장과 집만 오가는 건실한 시민이라 하더라도 방역당국의 권고를 따르지 못하거나 행적을 투명하게 밝히기 어려운 사연은 각양각색이다. 콜센터 집단발병 사례를 두고 왜 마스크도 쓰지 않고 좁은 공간에서 근무를 했느냐, 재택근무는 왜 하지 않았느냐, 모여서 밥은 왜 먹었느냐 하는 비난의 소리가 높았다. 하지만 콜센터 업무 특성상 마스크를 쓰고 근무하기도 어렵고, 재택근무가 가능하지 않은 경우도 많다. 신천지 출신 요양보호사들이 계속 근무를 했다는 비난이 있었지만, 밀교적 특성 외에 생계 때문에 일할 수밖에 없다는 항변도 들린다. 짧은 시간 내에 왜 이리 많은 지

백영경

역을 돌아다녔냐는 비난 뒤에는 주말에 알바를 하고 일과 후에 투잡을 뛰는 확진자들의 고단한 현실이 있다. 멀리서 비난하기가 쉽지, 가까이 들여다볼수록 방역이 말처럼 쉽지 않음을 절감하지 않을 수 없다. 오히려 아프면 쉬어라, 방역 지침은 절대 준수하라는 당국의 권고가 고깝게 느껴질 때마저 있다. 당국은 쉽게 지켜지기 어려운 지침을 내면서 원칙 있는 방역으로 칭송받는데, 결국 감염은 지침을 어긴 개인들의 책임으로 몰리기 때문이다. 방역의 필요성 덕분에 노동 현장의 관행이 바뀌고, 인권에 좀더 신경 쓰는 상황도 생겨나지 않는 건 아니지만, 그런 재난 유토피아가 많은 사람들의 일상이 되기엔 아직 갈 길이 멀다.

사실, 방역의 어려움은 치료제나 백신이 없기 때문이기도 하지만, 개인들의 삶이 모두 갖가지 제약 속에 처해 있기 때문에 생겨나기도 한다. 몸이 아픈데도 일을 해야 하는 처지일 수도, 일상을 유지하기 위해 타인의 노동에 의지할 수밖에 없는 현실일 수도 있다. 학교는 입시를 진행해야 하며 기업은 신입사원을 뽑아야 하는 사정이 있다. 온라인 수업에 적응할 수 없는 장애학생들은 감염 우려가 있어도 학교에 가야 하고, 투석을 거를 수 없는 만성신장 질환자 역시 위험을 무릅쓰고 병원에 가야 살 수 있다. 집세도 내야 하고 빚도 갚아야 한다. 세금을 꼬박꼬박 내는 합법업소라도 유흥업소에는 재난지원기금이 주어지지 않는다고 하니 명시적으로 영업을 제한하지 않으면 문을 열게 되어 있다. 생각해보면 방역당국에게 솔직하게 말하기 어려운 사정이 얼마나 많을 것인가. 결국은 위험을 저울질하면서 방역 지침을 어기는 일이 다반사로 일어나게 되어 있다. 심지어 이 중 어떤 행동은 이해가 가지 않고 용서되지 않는 개인의 어리석음이나 이기심이라고 해도 그 역시 모두 인간 사회의 일부이며 이를 비난한다고 해서 사라지는 것도 아니다. 한마디로 우리 사회에 이미 존재하던 문제들이 불거져나와 현실을 제약한다.

　오히려 이러한 한국사회의 취약성이 K-방역의 성공과 무관하지 않다는 지적도 있다. 간호 인력뿐 아니라 진단이나 역학조사 분야에서도 소위 선진국과 비교해 터무니없을 정도의 장시간 노동에 익숙하면서도 상대적으로 임금수준은 낮은 노동력이 존재했기 때문이라는 것이다. 대면접촉 없이도 생활이 가능했던 것은 노동자의 생명이 위태로울 정도의 고강도 저임금 노동으로 운영되는 배달 시스템이 발달되어 있었던 덕분이고, 콜센터가 온라인 생활을 지탱해줄 수 있었던 것도 값싼 인력으로 운영 가능한 한국의 열악한 노동조건하에서 가능해진 것이다. 이렇듯 한국의 성공이 높은 기술력과 시민의식뿐 아니라 인력을 '갈아 넣어' 움직이는 데 익숙한 취약성 덕분이라면, 이번 코로나19 위기는 어떻게 넘겼다고 하더라도 이 방역체제가 과연 지

　　　　　　　　　　　　　　　　　　　　　　　백영경

속 가능한 것인지 의심이 들지 않을 수 없다. 지금 이 사회를 그대로 둔다면 지금 눈에 보이는 방역의 성공조차도 미래 방역의 실패를 예견하는 구멍이 될 수도 있다.

결국 전염병의 확산 속에서 우리가 깨달아야 할 것은 개개인이 단지 독립된 단자가 아니라 연결되어 있는 존재라는 사실이며, 언제나 인간 이상의 존재들로 구성된 세계를 살아간다는 사실이다. 인간이 환경 속에서 살아가는 것이 아니라 우리는 서로에게 환경이며, 그 우리는 단지 인간만을 의미하지 않는다는 사실을 절감하게 된다. 사회가 전염병에 대한 면역 능력을 가지기 위해서도 연결된 존재로서의 인간에 대한 자각과 더 나은 방식으로 연결되기 위한 노력은 필수적이다. 『면역에 관하여』의 저자인 율라 비스(Eula Biss)에 따르면, "면역은 우리가 공유하는 공간"이며, "함께 가꾸는 정원"이다. 다른 말로 하면 커먼즈(commons)라고 할 만하다.

면역이라는 커먼즈와 좋은 의료

공유지, 공동자원 혹은 공동영역으로 번역되기도 하는 커먼즈는 공동체로서 우리가 함께 물려받았고 함께 가꾸어야 할 무엇을 의미한다. 그렇다면 면역을 하나의 커먼즈로 본다는 것의 의미는 무엇일까? 우선, 공적인 영역에도 속하지 않고 사적인 영역에도 속하지 않는 커먼즈로서의 면역이란 국가와 시장에만 맡겨둘 수 있는 것이 아니라는 점을 지적할 수 있다. 어쨌든 공적인 책임 주체와 시민 개인들의 의무가 분명한 방역의 이미지와는 달리 면역의 시각으로 보면 이는 개인을 넘어선 공동체를 생각하는 시민들과 지역이 함께 주체가 되지 않는 한 저절로 주어질 수 없는 것이다. 최근 코로나19 사태가 장기화되면서 의료를 시장논리에만 맡겨놓을 수 없으며 코로나19 이후를 대비하기 위해서도 공공의료가 필요하다는 논의가 많이 나오고 있다. 방역에서 국가나 공공기관이 나서서 해야 할 역할이 막중하다는 사실 자체야 부인할 여지가 없다. 그러나 방역과 의료를 국가가 제공해야 할 기본 서비스이자 당연한 권리로서만 요구하는 것은 시간에 쫓기고 물리적 제약이 큰 상황에서 '나'의 안전만을 앞세우는 무책임한 요구나 국가에 대한 끝없는 비난으로 이어지기도 한다. 또한 국가 차원에서는 결코 감당할 수 없는 문제도 많다. 감염 확산의 우려가 있는 장애인시설이나 요양시설을 중심으로 코호트 격리가 이루어지면서, 돌볼 사람 없이 남겨진 사람들의 문제가 제기되고 있다.

　이런 경우 국가가 지원해야 할 몫이 있는 것도 분명하지만, 국가가 전염병 사태를 기준으로 인력과 자원을 상시 유지할 수도 없기에 모든 것을 국가에 맡길 수 없다는 현실도 인정해야 한다. 또한 준비가 되어 있는 상황이었다고 하

　　　　　　　　　　　　　　　　　백영경

더라도 담당 공무원이나 의료진들이 감염이 된다든지 그 밖에도 예상하지 못한 상황이 벌어지면 언제나 허점은 생기게 마련이다. 노숙인들에게 제공되던 식사가 감염 우려 때문에 끊긴다든지, 지역의 어르신들이 모여 함께 점심을 하던 마을회관이 폐쇄가 되면 공백이 생겨나게 된다. 이런 공백을 국가가 일일이 메워줄 것이라 기대하기도 어렵고, 시장에 맡기는 것은 더욱더 상상하기 어렵다. 그렇다고 그 돌봄을 가족에게 맡기는 것 역시 가능하지 않다. 갑자기 문을 닫은 학교와 어린이집 때문에 발을 동동 구르는 맞벌이 가정의 사정을 굳이 예로 들지 않는다고 하더라도 전염병 사태에서 가족은 가장 먼저 전염되는 취약한 존재이다. 결국 시민들이 스스로 주체가 되고 지역이 단위가 되어서 스스로 구멍을 메우고 필요한 일을 찾아서 하지 않으면 유지될 수 없는 것이 한 사회의 면역체계이다. 개인들이 각자도생을 추구하면서 의료를 시장에서 구매할 수 있는 또 하나의 서비스 상품으로만 생각하는 사회에서는 국가의 힘으로 전염병을 막아내는 것이 불가능할 것이다. 기후변화와 함께 앞으로는 더욱 잦아질 수도 있는 전염병을 막아내는 것은 면역으로서의 커먼즈를 함께 만들고 가꿀 때에만, 다시 말해 인간 이상의 존재들이 어울려 살아가는 이 세계에 대해 책임감을 가지고 돌볼 자세가 되어 있을 때에라야 가능하다.

이러한 커먼즈의 시각은 공공의료의 중요성을 강조하지만, "공공의료가 대폭 확충되고 필수적이지 않은 의료기관은 공공화해야 하며 필수적인 인공호흡기나 의료장비, 마스크 등의 생산과 유통은 정부가 관리해야만 한다"[1]는 주장에 머무르지 않는다. 감염병 관리를 위해 필요한 만큼의 필수 장비나 병상을 충분히 갖추어야 하는 것은 기본이지만, 실제로 문제가 되는 것은 의료생태계 전체의 공공성 문제이다. 사실 코로나19 사태 이전까지 한국 의료에 대해 긍정적인 평가를 하는 주체를 찾아보기는 어려웠다. 공공의료를 강화하고자 하는 측에서는 한국은 국공립병원 비율 5%라는 치수에 비추어 공공성 결여를 지적해왔고, 의사들의 자율성을 강조하는 측에서는 건강보험체계하의 요양기관 당연지정제를 사회주의 의료라는 이름으로 비판해왔다. 평가는 극단적으로 다르지만, 병원은 병원대로, 공공 부문을 강화하고자 하는 측은 그쪽대로, 또 환자들은 환자들대로 한국 의료에 대해서 비판적인 입장을 공유했던 셈이다.

한국 의료시스템에 대한 찬양이 나오기 시작한 것은 역시 코로나19 방역에 성공한 덕이 컸다. 문제를 복잡하게 만드는 것은 글로벌 코로나19 위기 속에서 의료영리주의자들이 신봉하는 미국 모델과 공공의료를 강조하는 쪽에서 본보기로 삼아온 유럽 모델 모두가 좌초했다는 사실이다. 이는 한국의 의료가 방역 상황에 한정된 것이긴 하지만 어쨌든 감염병 위기 상황에서는 공공부문을 넘어서는 공공성이 발휘되었음을 의미한다. 대구·경북 지역에서 폭발하듯이 일어난 대규모 집단감염에서는 공공병원 외에 대학병원, 의료봉사 형식으로 결합한 민간의 의료인력들, 기업에서 지원한 생활치료공간이 모두 활용되었으며, 장애인들을 비롯해 홀로 자가격리가 어려운 사람들을 위해 돌봄의 공백을 메운 많은 시민단체와 자원봉사자들이 있었다. 이는 실제로 의료공공성의 문제가 단지 공공병원 병상 확보 차원을 넘어서는 문제이며 시민사회의 강화 혹은 사회 전반의 공공성 강화 문제로 귀결된다는 사실을 보여준다. 공동체의 필요에 반응하고 움직일 수 있는 시민들의 존재가 중요하며, 위기 상황에 응답해 공공 부문과 민간 부문을 아울러 조직하고 동원할 수 있는 거버넌스의 존재가 필요할 뿐만 아니라, 이를 가능하게 하는 정치가 요구된다.

코로나19 위기에서 문제로 드러난 것은 시설과 장비의 문제 혹은 마스크나 방호복 같은 소모품의 문제도 있었지만, 상대적으로 더 극심했던 것은 의료에서 돌봄의 공백이었다. 의료인들은 모두 인력 부족과 장시간 노동에 시달렸으며, 코로나19 사태가 장기화되거나 2차 유행이 오는 경우에는 현 체제의 의료가 불가능할 것이라는 전망이 나왔다.[2] 실제로 대구에서의 대규모 유행 사태가 채 끝나기도 전에 비정규직 의료 인력들이 해고된 사례가 보고되었고,

지난 5월 대한간호협회가 코로나19 관련 간호사들을 대상으로 조사한 결과 70퍼센트가 넘는 간호사들이 일방적으로 휴직을 강요당하거나 아니면 거꾸로 가족돌봄휴가 사용을 거부당하는 등의 부당 처우를 경험했다고 밝혔다. 이에 따라 보건의료노조는 코로나 이후의 사회를 준비하는 과정에서 간호사의 노동조건이나 처우를 개선하기 위해 투쟁할 것을 결의하기도 했다. 영웅으로 칭송받지 않아도 되니 노동자로서의 권리나 보장되었으면 좋겠다는 말이 나오는 상황에서 감염병 위기가 또 온다면 과연 누가 이 위기를 막을 수 있을지 심각한 문제가 아닐 수 없다.

대통령을 비롯한 정부의 비대면 의료 강화와 의료산업 육성 방안은 바로 이러한 맥락에서 나왔기 때문에 문제가 된다. 비대면 의료 자체는 한정된 상황에서 유용할 수도 있다. 그러나 감염 위험을 무릅쓰고 전염성이 높은 환자를 돌본 사람들에 대한 처우의 문제, 이후 지속 가능하게 그런 돌봄을 가능케 하는 시스템 구축의 문제가 긴급한 쟁점으로 등장하는 시점에 정부는 대면의 돌봄보다는 비대면에 가치를 두고 바이오산업 육성을 말하고 있다. 코로나19 사태가 채 끝나지도 않은 상황에서 스마트워치 앱에 건강보험을 적용하고, 비대면 의료라는 이름으로 디지털 산업에 힘을 실어준다면, 이미 심각한 돌봄의 위기는 더 심각해질 수밖에 없을 것이다.

백영경

더 많은 아날로그 의료가 필요하다

K-방역에 취한 한국에는 잘 알려져 있지 않고 관심 둘 사람이 많지 않을 수 있어도, 현재 코로나19 방역에 어쩌면 한국보다 더 중요한 성공을 거둔 나라들이 여럿 있다. 그중에는 에티오피아와 몽골이 포함된다. 인구 1억의 나라인 에티오피아는 5월 말 현재로 확진자 수가 1천 명을 갓 넘겼고, 사망자는 8명에 불과하다. 물론 아프리카에서 전체적으로 코로나19의 위세가 덜한 덕분도 있고, 연령대가 전반적으로 낮은 것도 도움이 되었을 수 있다. 앞으로 어떻게 전개될지 알 수 없는 일이기도 하다. 그러나 굳이 남의 나라의 성공을 부인하려고 하는 시각으로 보지 않는다면, 전면봉쇄 조치 없이도 에티오피아가 성공을 거둘 수 있었던 것은 그동안 잦은 감염병의 출현으로 대비 태세가 되어 있기도 했으며, 그 결과 커뮤니티 의료가 잘 갖춰져 있었기 때문이라고 이야기된다. 인공호흡기도 몇 대 없고 의료자원이 제한되어 있는 상황에서 지역 의료진들이 방문검사를 시행하고 교육을 실시한 덕분이라는 것이다.[3] 몽골 역시 5월 말 현재 179명의 확진자가 나온 가운데 사망자는 없다. 물론 몽골은 전체 인구가 360만 정도에 인구밀도가 매우 낮은 국가이지만, 수도 울란바토르는 인구 150만 명 정도의 대도시일 뿐만 아니라 인구밀집도도 매우 높다. 코로나19 사태의 진원지인 우한과 매일 항공편이 오갔을 뿐 아니라

지리적으로도 중국과 매우 가깝다는 사실 역시 몽골에서도 코로나19가 창궐할 수도 있는 상황이었음을 보여준다. 그러나 1월부터 국경을 맞대고 있는 중국과 한국을 포함한 주요 발병국과의 항공편을 차단하고 입국자에 대한 격리조치를 시행했을 뿐 아니라, 내부 교통도 제한을 하고 국가 생산시설을 가동해 마스크를 생산했다. 취약한 공공의료 상황에서도 주 정부와 긴밀한 협조하에 필요한 조치들을 수행해 코로나19 방역을 성공적으로 해내고 있다는 평가를 받고 있다. 의료진이나 진단 키트, 인공호흡기가 많은 것이 도움이 되기는 하지만 미국의 사례가 보여주듯이 이를 제대로 사용할 시스템이 작동하지 않으면 소용이 없다. 몽골의 사례는 중앙정부와 지방정부의 긴밀한 협조, 대중들에게 다가가려는 노력과 소통이 있다면 제한된 의료자원으로도 방역에 성공할 수 있음을 보여준다.[4]

한국에서 발달한 디지털 기술의 존재는 방역에 사용된 하나의 수단이지, 그 자체를 성공의 원인으로 보는 것은 이제까지 방역을 위해 애써온 사람들에 대한 예의도 아니다. 면역을 하나의 커먼즈이자 우리가 함께 가꾸는 정원이라고 생각하면 결국 제일 중요해지는 것은 가꾸고 돌보는 노동일 수밖에 없다. 물론 비대면 진료를 필요로 하는 사람들에게 필요한 의료를 제공하고, 여러 가지 편리한 디지털 기구들을 활용하는 일 자체가 나쁘다는 것은 아니다. 하지만 큰

백영경

제도가 살피지 못하는 구멍을 찾아서 메우는 시민의 노동들, 실제로 아픈 사람들의 콧속에 면봉을 넣어 검체를 채취하고 고통 속에 있는 사람들을 직접 간호하고 치료하는 구체적인 '아날로그' 노동들을 대체할 수 있는 일은 없다. 지금의 이 생태와 기후, 더 크게는 생태와 기후위기가 발생한 배경에는 바로 이윤과 성장을 우선시하면서, 인류가 살아남기 위해 해온 노동들을 무시해온 역사가 있다.

디지털 기술은 전염병 사회에 대한 대처의 일부를 담당할 수는 있어도 문제 해결의 핵심이 되기 어렵다는 사실은 자명하다. 이 위기를 넘겨도 또 다른 전염병이 올 것이고, 지금 같은 삶의 방식을 지속한다면 결국 기후변화로 인한 더욱 심각한 위기 상황에 처할 것이다. 생존의 위기에 처한 우리에게 지금 요청되는 것은 살아가는 데 우선 필요한 영역과 그렇지 않은 영역을 구분하고, 이윤 추구보다는 돌봄을 위주로, 경제성장보다는 지속 가능성을 중심으로 사회를 재편하는 일이다. 방역만 어떻게 잘하면 이제껏 누리던 편리함을 굳이 포기하지 않고도 지금의 생활수준을 유지할 수 있는 미래란 오지 않는다. 하물며 새로운 성장 동력을 통해 '첨단 산업의 세계 공장'이 되겠다는 꿈의 허황됨이야 더 말해서 무엇하랴.

주

1   우석균, 「코로나19, 환경위기, 자본주의」, 『녹색평론』 172호, 2020, 8쪽.

2   최은경, 「코로나 시대는 새로운 의료를 예비하는가」, 『창작과비평』 188호, 2020.

3   David Pilling, "No Lockdown, Few Ventilators, But Ethiopia Is Beating Covid-19," *Financial Times*, May 28, 2020.

4   Mendee Jargalsaikhan, "Mongolia's Effective 'Analogue' Approach to COVID-19 Containment," *Asia Pacific Foundation of Canada*, Apr. 20, 2020.

백영경

9 민주주의

민주주의자로서 비상사태를 상대하기   장진범

비상행동은 민주주의에 힘입을 때 더 효과적일 수 있다.
민주적일수록, 그러니까 방방곡곡의 민중들이 비상행동을
입안하고 훈련하는 공적 과정에 참여해 시민적 덕성과 기예를
익히는 곳일수록, 만인의 안전이 더 잘 확보될 수 있다. 역으로
안전할수록, 그러니까 비상행동의 목표를 '생존의 평등'으로 삼고
이 목표를 성공적으로 실현할 역량을 갖춰 비상사태에 사회적
약세자를 더 잘 보호하는 곳일수록, 민주주의의 원칙과 주체가 더
잘 보존될 수 있다.

비상사태의 시대?

미국의 역사학자 마이크 데이비스(Mike Davis)가 2005년 조류독감을 주제로 쓴 책의 원제는 '문 앞까지 다다른 괴물'(The Monster at Our Door)이었다.[1] 그가 보기에 조류독감이 상징하는 신종 바이러스 감염병은 별세계에서 벌어지는 일회적 사건이 아니라, 인류의 마지노선을 배회하는 만성적 위협이었다. 산림·습지 파괴와 공장식 축산업이 초래한 생태환경의 변화, 도시인구 과밀화와 도시빈곤 확대, 이윤 논리에 따른 민간제약산업의 감염병 백신 개발 회피, 공공보건·의료 체계의 세계적 약화 등이 구조적 토양이 되어, 신종 감염병의 출현 빈도와 치명성이 높아진 것이기 때문이다.[2] 그로부터 15년이 지난 2020년, 과연 코로나19가 세계를 뒤덮었고, 데이비스는 '괴물이 들어온다'(The Monster Enters)라는 제목의 글을 발표했다.[3] 인류의 방어선을 마침내 돌파한 괴물은 그의 예상과 달리 인플루엔자 바이러스의 변종이 아니라 코로나 바이러스의 변종이었다. 하지만 그 위력은 코로나19 바이러스가 인플루엔자 바이러스의 특징이던 '무증상 감염력'마저 보유한 진정한 의미의 '괴물'이라는 사실에서 비롯한 것이므로, 그의 예상은 예상치 못한 방식으로 적중한 셈이다.

코로나19의 가장 큰 의미는, 일어날 법하지 않던(실은 일어나지 않을 것이라고 못내 무시하거나 바라던) 비상사태(emergency)가 마침내 일어났다는 것이다. 아니, 정확히 말하면, '조류독감'과 '사스'와 '신종플루'와 '메르스' 등 일련의 비상사태가 이미 반복된 바 있다는 사실을, 그리고 앞서 말한 구조적 토양이 존속하는 한, 설사 코로나19를 운좋게 극복한다 한들, 또 다른 신종 바이러스 감염병이 돌발하는 비상사태가 계속 이어지리라는 전망을 인류가 더는 외면하지 못하게 되었다는 것이다. '뉴노멀'이라는 말의 유행은 이 같은 직면의 징후다.

하지만 비단 감염병의 세계적 유행(pandemic)만이 아니라 다양한 종류의 비상사태가 우리 삶을 늘 규정한다. 가령 유구한 비상사태 중 하나인 전쟁이 그렇고, 가장 심각하고 파급력 있는 최신의 비상사태인 기후변화가 그렇다. 한국의 경우 화재나 수해 같은 전통적인 재해가 그렇고, 점차 가시화되는 지진의 위험이 그렇다. 한국사회와 구성원의 삶을 근본적으로 바꿔놓은 IMF 외환위기는 왜 비상사태가 아니었겠는가? 그런가 하면 산업재해처럼 비상사태로(그러니까 심각하고 신속하게 대처할 문제로) 인정받지 못하

　　　　　　　　　　　　　　　　장진범

는 비상사태도 있다. OECD 산재사망률 통계가 있는 23년 (1994~2016년) 동안 한국이 무려 21년간 산재사망률 1위를 지키고 있다는 사실이 이를 방증한다.

이렇듯 다양하고 불균등하지만 비상사태로 묶일 수 있는 사건이 발생하면 긴급행동(비상행동, emergency action)이 필요하다는 데 다들 동의할 것이다. 관련하여 긴급행동이 이루어지기 위해서는 긴급행동을 구속·제약할 수 있는 규범과 질서, 가령 민주주의와 인권 등을 유예해야 한다는 주장이 제기되곤 한다. 아니, 비상사태가 심각해지면 기성의 질서, 심지어 문명이 무력하게 와해되어 가치와 규범의 존립 기반 자체가 사라지므로, 원칙을 논할 계제가 못된다는 주장도 있다. 이때 소환되는 고전적 사례가 고대 그리스의 '아테네 역병'이다.[4] 당대의 역사가 투퀴디데스(Thukydides)는 이 비상사태 속에서 종교나 법률 등 일체의 규범이 사람들에 대한 구속력을 상실하면서 아테네가 '무법천지'로 전락하는 과정을 충격적으로 묘사한다. 그 정점에는, 집집마다 쌓인 시신들을 감당하지 못한 사람들이 전통적인 장례의식을 무시하고 '가장 후안무치한 방법'으로 시신들을 처리한 일화가 있다. 옛날 옛적 이야기에 불과할까? 그러나 미국의 초거대도시 뉴욕 한복판에서, 장례를 치르지 못한 채 트럭에서 썩어가던 시신 수십 구가 발견된 것은 바로 2020년이다. 유럽 곳곳에서 사재기가 만연해 식료

품을 구하기 어렵달지, 심지어 영국에서는 사재기를 너무 많이 해 제때 먹지 못한 음식을 뜯지도 않은 채 쓰레기통에 버리는 일이 벌어졌달지 하는 소식도 들려온다. 이런 혼란이 계속되면 민중들 스스로 민주주의를 유예하고 권위주의와 독재를 선택하기도 한다고 역사는 말해준다.

이런 주장에 따르면 비상사태와 민주주의는 상극이다. 민주주의가 불허하거나 제약할 일을 벌이고 싶은 사회적 강세자(強勢者, majority)들이 비상사태를 은근히 반기는 것은 이 때문이다.[5] 또 비상사태, 특히 각종 재난은 파급효과 면에서 불평등하고 차별적인데, 이때 민주주의의 지지대인 사회적 약세자(弱勢者, minority)들의 세력이 위축되기 십상이기 때문에, 비상사태는 민주주의를 직접적으로 약화시킬 수 있다.

이렇듯 비상사태와 민주주의가 상극이라면, 그런데 신종 바이러스 감염병과 기후변화로 대표되는 새로운 비상사태가 전통적인 비상사태와 맞물려 빈발하는 '비상사태의 시대'에 우리가 들어선 것이라면, 이제 민주주의는 숙명적으로 쇠퇴할 수밖에 없는 것인가? 하지만 정반대의 가능성, 곧 비상사태가 민주주의를 확대하는 계기로 작용한 경우도 역사에는 드물지 않다. 일례로 비상사태에 사회적 강세자의 무능이 만천하에 드러나고, 사회적 약세자의 참여와 기여 없이 비상사태 극복이 불가능하다는 게 분명해진다면,

장진범

비상사태가 사회적 약세자의 시민권을 확대하고 민주주의를 강화하는 계기가 되기도 하는 것이다.

비상사태가 발발할 때 민주주의자는, 비상사태가 사회적 약세자들의 생존과 권리, 결국 세력을 축소하는 계기로 활용되지 않게 맞서 민주주의의 보루를 지키고자 한다. 나아가 민중들의 역량과 기여로써 비상사태를 극복해 시민권을 확장하고 민주주의를 진전시키고자 한다. 민주주의자로서 비상사태를 상대하기. 이 글의 문제의식은 여기에 있다.

비상사태와 민주주의를 대립시키는 논변 1
: 민주주의는 '족쇄'다

비상사태에는 긴급행동이 필요하고, 긴급행동을 위해서는 민주주의가 유예되어야 한다는 주장은 몇 가지 논변에 근거한다. 민주주의는 일종의 '족쇄'라는 논변, 그리고 민주주의에 고유한 다원주의는 긴급행동에 적합하지 않다는 논변이 대표적이다.

첫 번째 논변은 다음과 같이 전개된다. 민주주의의 요체는 심의와 통제로, 권력의 전횡에 족쇄를 채우는 순기능을 한다. 그런데 이 같은 순기능의 이면에는 권력의 긴급행동을 저해하는 역기능이 있다. 따라서 권력의 긴급행동이 필요한 비상시에는 민주주의의 족쇄를 제거할 필요가 있다. 이렇게 제거되어야 하는 족쇄로 누군가는 '인권'을, 누군가는 '각종 차별 금지'를, 누군가는 '성평등'을, 누군가는 '노동3권'을 지목하기도 할 것인데, 대개 이들 족쇄는 사회적 약세자를 보호한다는 공통점이 있다.

이 논변의 대전제는 족쇄나 제약 일반이 긴급행동에 부정적으로 작용한다는 것이다. 미국의 인문학자 일레인 스캐리(Elaine Scarry)는 심장마비라는 응급상황(emergency), 즉 의학적 비상사태의 예를 들어 이런 생각을 논박한다.[6] 누군가 심장이 멎었을 때 가장 효과적인 행동이 심폐소생술(CPR)이라는 점에는 이론의 여지가 없다. 그런데 심폐소생술은 극도의 경직된 제약에 따라 구속된다. 이런 제약에서 벗어난 온갖 행동은 대개 무질서하고 무의미한 우왕좌왕에 지나지 않으며, 최선의 경우라도 심폐소생술보다 효과가 떨어진다. 반면 심폐소생술을 구속하는 제약은 긴급행동에 유리하게 작용하는데, 긴급행동에 불필요한 행동과 생각에 휩말리지 않고 필수적인 행동과 생각에 집중할수 있게 해주어, 이런 비상사태를 직면할 때 으레 뒤따를 혼란과 공황 상태에서도 효과적인 긴급행동이 이루어질 수 있게 하기 때문이다.[7]

즉 제약 일반은 긴급행동과 대립하지 않을 뿐만 아니라, 오히려 사전에 확립되고 훈련으로 습관화된 적절한 제약의 도움이 없다면 비상사태가 동반하는 주객관적 혼란을 감안할 때 효과적인 긴급행동은 불가능에 가깝다. 더욱이

장진범

촌각을 다투는 비상시에는 찰나의 실수와 사소한 오판이 돌이킬 수 없는 결과로 이어질 수 있다는 점에서, 습관화된 제약으로써 행위자를 단단히 구속하여 문제적 행동을 억누르고 필수적 행동에 집중하는 것이야말로 효과적인 긴급행동의 비결이다.

코로나19 관련 긴급행동도 예외가 아니다. 방역 조치에 국한하자면, 관건이 되는 긴급행동은 최단시간에 최대한 많은 의사(擬似)환자를 대상으로 진단검사를 실시해 확진자를 신속하게 가려내는 것이리라. 이때 인권 등의 민주적 제약을 유예하면 진단검사가 더 신속하게 진행될 수 있을까? 현재까지 방역을 비교적 성공적으로 이끌었다고 평가받는 한국의 질병관리본부 중앙방역대책본부(이하 방대본)[8]에 따르면, 그렇지 않다. 정반대로 "특정 환자, 지역, 집단 등에 대한 혐오는 감염병 위기 상황에서 가장 경계"하지 않으면 안 된다(2월 23일). 왜냐하면 "감염된 사실이 비난과 낙인이 되"면, "사회적 비난이 두려워 진단검사를 받아야 할 사람이 이를 거부해 추가 감염이 더 크게 일어날" 수 있고, 그럴 경우 "그 피해는 공동체 전체로 돌아"가기 때문이다(3월 20일).

이 민주적 제약은 여러 상황에서 방대본의 발언과 행동에 대한 '자기구속력'으로 작용하고 있다. 일례로 '슈퍼 전파자' 논란을 보자. 2020년 1월 30일, 국내 첫 2차 감염자가 확인되자마자 언론은 슈퍼 전파자 논란을 일으키기 시작했다. 2차 감염이 발생할 때마다 반복되던 이 논란은 31번 환자가 발생한 2월 18일 이후 절정에 달했다. 이에 대한 방대본의 답은 크게 두 가지로 집약된다. 첫째, '슈퍼 전파자'가 아니라 '슈퍼 전파 사건'이 있었다는 것이다(2월 19일). 이는 세계보건기구가 사스를 계기로 공론화한 권고를 따른 것으로, 감염병 유행이라는 비상사태에서 초점은 '전파자'로 지목되는 개인이 아니라, '전파 사건'을 초래한 조건에 맞추어야 한다는 것이다. 둘째, 감염병 환자는 비난받아야 할 '전파자'가 아니라 "원치 않는 질병에 감염된 환자"(2월 23일)로서, 그에게 필요한 것은 "따뜻한 배려"와 "응원"(3월 20일)이다. 얼핏 당연한 얘기로 보일지 모르나, 방대본이 이런 입장을 밝힌 것이 환자 혐오를 위시한 온갖 혐오가 서로 상승작용을 일으키던 시점이었다는 점에서 돋보이는 대응이었다.

　5월 초 이태원클럽발 집단감염 국면에서도 방대본은 일관된 태도를 견지하였다.『국민일보』를 필두로 적지 않은 언론들이 성소수자 혐오를 노골적으로 선동하는 상황에서,[9] 방대본은 비판의 목소리를 분명히 했다(5월 12일). 진단검사가 '아웃팅'으로 작동할 수 있다는 우려를 받아들여 이태원클럽 방문자에 한해 익명검사 전국 확대와 동선 공개 축소를 결정하였고(5월 13일), 같은 달 19일 '코로나19

성소수자긴급대책본부'와 면담을 진행한 후 지자체에 동선 공개 관련 원칙 준수를 재차 당부했다(5월 21일). 이 같은 방역 당국의 노력이 한몫하여 진단검사는 크게 증가했다.

이렇듯 인권 등의 민주적 제약은 긴급행동, 이 경우라면 신속하고 광범위한 진단검사를 방해하기는커녕 오히려 그 가능조건으로 작용했다. 물론 방역 당국이 모든 경우에 일관되게 민주적 제약을 준수한 것은 아니다.[10] 하지만 코로나19 사태 와중에 한국사회의 적지 않은 구성원들이 차별과 혐오의 정서에 크게 휘말렸다는 점을 감안한다면, 방역 당국의 대응은 전반적으로 높이 평가할 만하다.

비상사태와 민주주의를 대립시키는 논변 2
: 긴급행동은 권위주의를 요청한다

비상사태와 민주주의를 대립시키는 두 번째 논변은 다음과 같이 전개된다. 민주주의는 민중들의 참여, 최소한 지지를 중핵으로 삼는다. 그런데 민중들은 본성상 다중적(multiple) 이고, 따라서 민주주의는 다원주의와 친화적이다. 그 대가는 '중구난방'으로 흐를 위험인데, 평시의 민주주의는 그런 위험을 그럭저럭 감수한다. 하지만 체제의 존망이 걸린 비상사태, 대표적으로 안팎의 '적'에 맞선 (유사) '전쟁'이 발발하면 통일적이고 일사불란한 대응이 사활적 과제가 된다. 그러려면 다원주의보다는 전문가나 엘리트 같은 과두적 소수, 극한에서는 단일한 인격체인 '국가 원수'의 권위주의적이고 중앙집중적인 명령에 따르는 게 불가피하다. 이 명령에 이견을 제기하는 것은 우리 '진영'의 통일성과 일사불란함을 훼손한다는 점에서 본질적으로 '이적행위'와 다를 바 없다. 전시에 '충성스러운 반대파' 따위가 설 자리는 없으며, 존재하는 것은 '아군'과 '적군'뿐이기 때문이다. 따라서 안팎의 적군을 토론과 설득이 아니라 진압과 처벌로 응징하는 것이 필수적이다. 요컨대 비상사태에 필요한 것은 민주주의와 다원주의가 아니라 권위주의와 군사주의다.

이 논변의 경우 특히 문제는, 비상사태에서 권위주의적이고 중앙집중적인 원리를 채택하면 곧 일사불란한 행동으로 이어질 수 있다고 본다는 데 있다. 이런 생각은 비민주적일 뿐만 아니라 비현실적이다. 일단 비상사태가 이른바 '순차형 구조'(seriatim structure)로 되어 있는 경우가 대부분이기 때문이다.[11] 순차형 구조는 (조사, 연구, 의사결정, 실행 등) 다양한 단계들이 시간적·공간적으로 떨어진 상태로 연결되어 있는데, 이 구조에서는 연쇄를 이루는 단계 중 어느 한 곳이 취약하다면 다른 단계가 아무리 뛰어나더라도 연쇄 전체가 취약해진다. 사슬의 강도는 가장 약한 고리에 달려 있기 때문이다.

이 약한 고리는 다양할 수 있다. 가령 코로나19 바이

장진범

러스를 퇴치한다며 살균제를 인체에 주입하는 방안을 검토하라는 자가 대통령직을 수행하고 있는 곳이라면, 가장 약한 고리는 국가 원수다. 이런 곳에서 비상사태 관련한 전권을 국가 원수에게 집중시키는 것은 파국으로 가는 지름길이다. 한국의 경우 앞서 살펴본 것처럼 방역을 이끄는 방대본은 비교적 원칙을 견지하고 있는 편이지만, 일선에서 방역을 집행하는 단위들은 관련 원칙을 훈련으로 습관화하지 못한 경우가 많다. 가령 동선 공개와 관련하여 긴급재난문자와 홈페이지 공지 등의 방식으로 관련 정보를 직접 유포하는 지자체들이 개인을 특정할 수 있는 정보를 공개해 물의를 빚고 있는데,[12] 이렇게 되면 방대본 차원에서 아무리 원칙을 견지하더라도 허사가 된다.

게다가 방역 조치가 실효성을 발휘하려면 결국 민중들의 협조가 필수적인데, 만일 이 논변이 애초 전제한 것처럼 민중들의 본성이 '중구난방'이라면, 즉 민중들이 늘 가장 약한 고리라면, 권위주의적이고 중앙집중적인 명령의 요점을 민중들이 정확하게 파악하고 그에 따라 통일적이고 일사불란하게 행동하는 일이 어떻게 가능하겠는가? 즉 민중들 특유의 다중성과 '중구난방'을 회피하기 위해 권위주의적이고 중앙집중적인 방식으로 의사결정을 하더라도, 문제는 사라지는 것이 아니라 미뤄질 뿐으로, 긴급행동의 속도 면에서 달라지는 점은 별로 없다. 오히려 민중들을 의사

결정에서 배제하면 민중들의 불만이 높아져 무능의 외피를
쓴 비협조가 만연할 수도 있다.

비상사태에 대응하는 신속하고 효과적인 행동이 가능
하려면, 오히려 대다수 민중들이 필요한 숙련을 사회적 훈
련으로써 습관화하고 있어야 한다. 의학적 비상사태의 예
를 다시 들자면, 전문적인 구급대원이나 의료진을 골든타
임 안에 접촉할 수 있는 곳에서만 사람들이 심장마비를 일
으키는 것이 아니기 때문에, 더 많은 민중들이 심폐소생술
을 익혀 응급상황에서 초동조치를 할 수 있어야 생존율이
높아진다.[13] 실제로 관련 연구가 조사대상으로 삼은 구조자
수천 명 중 상당수는 면식 관계가 없는 낯선 이에게 심폐소
생술을 실시했다.[14] 말하자면 심장마비를 일으킨 상당수는
생사의 기로에 섰을 때, 본인의 부와 능력과 명예에 의해서
가 아니라, 낯선 '사마리아인'의 선의와 숙련에 의해서 목
숨을 구한 셈이다. 여기서 요점은 소수의 전문가는 물론, 심
장마비 위험군과 면식 관계에 있는 제한된 집단도 넘어서,
말 그대로 불특정 다수에게 심폐소생술을 보편화할 때, 비
상시 긴급행동의 효과가 극대화된다는 것이다. 그러려면
심폐소생술, 더 일반적으로는 비상행동에 필요한 숙련이
시민이라면 마땅히 보유해야 하는 숙련으로 규정되어야 한
다. 즉 공적 기예(virtuosity)로 규정되고 이를 익힐 기회가
공적으로 제공되어야 한다. 이 기예에 상응하는 것은, 면식

장진범

관계에 있건 없건, 부자건 빈자건, 사회적 강세자건 약세자건, 공화정을 이루는 누구나 '생존의 평등'을 누려야 한다는 민주적 이념의 구현자이자 실행자로 스스로를 표상하는 시민적 덕성(virtue)이다.[15]

　이렇듯 비상행동은 민주주의와 대립하지 않을뿐더러 오히려 민주주의에 힘입을 때 더 효과적일 수 있다. 즉 민주적일수록, 그러니까 방방곡곡의 민중들이 비상행동을 입안하고 훈련하는 공적 과정에 참여해 시민적 덕성과 기예를 익히는 곳일수록, 만인의 안전이 더 잘 확보될 수 있다. 역으로 안전할수록, 그러니까 비상행동의 목표를 생존의 평등으로 삼고 이 목표를 성공적으로 실현할 역량을 갖춰 비상사태에 사회적 약세자를 더 잘 보호하는 곳일수록, 민주주의의 원칙과 주체가 더 잘 보존될 수 있다. 즉 민주주의와 비상사태, 생존을 대립시키는 논변과 달리, 이들은 호혜적인 선순환을 그릴 수 있다.

　코로나19 사태와 관련해 특히 세 가지를 언급할 수 있다. 첫째는 지역적이고 분권적인 대비의 중요성이다. 방역이라는 1차 저지선이 뚫려 지역사회 감염이 본격화될 경우, 결국 비상행동의 주력은 지역의 공공의료가 될 수밖에 없다. 이번에 대구가 고전을 면치 못한 이유는, '메디시티'를 자임한 것과 달리 지역 차원의 공공의료 기반이 크게 부족했기 때문이다. 이번에는 중앙 차원의 지원과 자원봉사로 그 부족분을 어느 정도 벌충할 수 있었지만, 만일 대구 이외의 여러 곳에서 지역사회 감염이 동시다발로 발생했다면 이번과 같은 자원 집중은 불가능했을 것이고 지역의 자체 역량으로 대처할 수밖에 없었을 것이다. 코로나19 '2차 파도'가 언제 닥칠지 모르거니와, 우리가 정말 비상사태의 시대에 진입한 것이라면, 지역적이고 분권적인 대비는 이제 선택이 아니라 필수일 수밖에 없다.

둘째는 이른바 '사회적 거리두기'의 사회적 조건이다. 백신이 없는 상태에서 코로나19 같은 신종 바이러스 감염병 유행에 대처하는 거의 유일한, 그러나 가장 효과적인 비상행동은 ('생활 속 거리두기' 같은 저강도 방식을 포괄하는) 사회적 거리두기라는 점, 여기서 관건은 민중들의 참여라는 점은 이제 주지의 사실이다. 그런데 사회적 거리두기라는 비상행동은, 우리 모두 절감하였다시피, 참여자들이 영위하던 기존의 일상을 상당 부분, 그것도 상당 기간 바꾸는 것이므로, (가령 화재 진압 참여처럼) 상대적으로 집약적이지만 단기간에 그치는 비상행동보다 훨씬 더 큰 희생과 노력을 요하는 것일 수 있다. 가령 한국의 사회적 거리두기는 '생산' 활동은 가급적 중단시키지 않은 채 '재생산' 활동을 주로 중단시키는 방식을 취하고 있는데, 그 결과 가족과 여성이 돌봄 부담을 떠맡다시피 하면서 가히 초인적인 희생을 하고 있고, 가족과 여성에 의지할 수 없는 이들은 돌봄에서

　　　　　　　　　　　　　　　　　　　　　　장진범

사실상 배제되고 있다. 이런 방식을 막무가내로 유지하는 것은 불가능할 뿐만 아니라 불의한 일이기도 하다. 따라서 사회적 거리두기를 지속하려면 보다 평등한 대비와 훈련이 필요하다. 돌봄에 초점을 맞추자면, 사회와 지역 차원에서 비상시 돌봄 계획을 입안하고 훈련해야 한다. 가족과 여성의 힘을 빌리는 것이 불가피하다면, 이를 체계적으로 지원하고, 증가하는 돌봄 부담에 비례해 다른 역할 부담을 축소하며, 이들의 기여를 인정·보상하는 계획과 훈련이 필요할 것이다. 그렇더라도 현재와 같이 재생산 활동만 중단시키는 방식으로 일관할 수는 없는 노릇이며, 생산 활동을 계획적으로 조절해 재생산 활동을 뒷받침하는 관행이 확립되어야 한다.

현재 개인방역 5대 핵심수칙 중 제1수칙으로 제시된 "아프면 3~4일 집에서 쉽니다" 역시, 이를 가능케 하는 환경과 조건이 마련되지 않는다면 공문구에 그치거나 계급적 조건에 따라 불평등하게 작동할 수밖에 없다. 대표적으로 유급병가나 상병급여 등의 제도 도입이 필요하다.[16] 하지만 설사 이런 제도가 도입된다 하더라도 제도의 활용을 저해하는 조직문화가 온존한다면 무용지물이 될 것이므로, 조직문화의 변화, 이를 가능케 하는 조직 내 대항력의 활성화, 가령 노동조합 결성의 자유 확대가 동반되어야 할 것이다.

아울러 비상시 놀이 및 공동체 문화, 즉 사회적 거리두기와 양립 가능한 놀이 및 공동체 문화도 준비·훈련되어야 한다. 실제로 이태원클럽발 집단감염 이후 탁구장, 놀이 공원, 소규모 교회 등에서 집단감염이 발생하고 있다. 비상시국에 어울리지 않는 몰지각한 행동이라고 비난한다고 해서 문제가 해결되지는 않을 것이다. 놀이와 공동체 역시 삶과 일상의 제거할 수 없는 일부이고, 코로나19 사태가 장기화되어 (고강도나 저강도의) 사회적 거리두기의 시간이 길어질수록 놀이와 ('사교적'(sociable)이라는 의미의) '사회적' 욕구가 커질 것이기 때문이다. 그런 점에서 고강도 봉쇄 조치로 자가격리를 강제받은 이탈리아 시민들이 이른바 '발코니 세레나데'라는 놀이를 발명해, 사회적 거리두기를 준수하면서도 그에 수반되는 고립감과 거리감을 서로의 목소리를 교환하고 뒤섞어 상쇄한 예는 시사하는 바가 크다.[17]

셋째로 민주주의자로서 비상사태를 상대할 수 있는 시민적 덕성과 기예가 필요하다. 코로나19 사태가 본격화된 이래, 중국 혐오, 환자 혐오, 종교 혐오, 지역 혐오, 성소수자 혐오 등 온갖 종류의 혐오와 차별, 비난과 낙인이 한국사회를 휩쓸었고, 정치적 유불리를 기준으로 의견을 달리하는 동료시민들을 '내부의 적'으로 간주하여 공격하는 진영론이 강화되었다. 이 같은 혐오와 진영론은 방역에 부정적으로 작용할 뿐만 아니라, 비상사태가 극복된 후에도 민주주의와 시민권에 큰 상처를 남기게 된다. 따라서 비상사태를

장진범

민주주의자로서 상대하는 숙련, 비상사태에서 격화되기 마련인 시민 간 이견과 갈등이 진영 간 전쟁과 혐오로 치닫지 않게 하는 자기구속적 규범의 습관화가 절실히 필요하다. 이 점에서 최근 다시 추진 중인 차별금지법 또는 평등법이 특히 중요한 계기가 될 수 있다.

이 모두는 코로나19 사태에 적합한 비상행동에 유리하게 작동할 수 있다. 그리고 이런 민주적이고 시민적인 제약에 따라 이루어지는 비상행동은 민주주의와 대립하기는 커녕 민주주의와 시민적 동료애를 강화시키는 계기로 작용할 수 있다. 이에 실패할 경우 우리를 기다리는 것은, 방역의 실패, 이를 벌충하기 위한 국가주의적 통제와 처벌의 강화, 그로 인한 민주주의와 시민권의 약화 등의 악순환일 것이다.

공물, 비상행동의 조건

앞서 살펴본 것처럼 효과적인 비상행동에서 관건이 되는 것은 민중들, 또는 시민적 덕성과 기예를 갖춘 공중(the public)의 참여다. 그런데 정치이론가 보니 호니그(Bonnie Honig)에 따르면 공중이 존재하기 위해서는 공물(公物, public things)이 필수적이다.[18] 왜냐하면 공중은 민중들이 공물 주위로 모일 때, 공물을 대상으로 심의하고 결집하고 경합할 때, 곧 공동행위를 할 때 형성되기 때문이다. 민중들이 함께 나누는 공물이 없거나 드물다면 그들의 일상은 대부분 사유물(private things)을 중심으로 돌아갈 것인데, 사유물의 본성상 이를 두고 민중들이 모여 함께 머리를 맞댈 이유는 별로 없다. 이처럼 공동행위의 소재나 계기가 드물어지면, 결국 공중이란 명목에 불과하게 된다.

물론 공물이 있다고 해서 곧 공중과 민주주의가 강화되는 것은 아니다. 많은 경우 공물은 그 접근과 관련하여 누군가를 배제하고 누군가를 특권화하기 때문이다.[19] 일례로 공직(public office)은 대표적인 공물이지만, 심지어 오늘날까지도 사회적 강세자들의 전유물처럼 표상되면서 사회적 약세자들을 체계적으로 배제하는 경향이 있다. 하지만 이 같은 실질적 배제와 불평등에도 불구하고, 공물은 그 형식적 위상으로 말미암아 사회적 약세자들의 평등한 접근권 요구를 원칙적으로 차단할 수 없었고, 공물을 둘러싼 공동행위의 빈발은 공중의 출현으로, 결국 공물의 민주화로 이어지곤 했다.

그런데 공물이 민주화되면, 한때 공물을 독점하던 사회적 강세자들은 철수(opt out) 전략을 취하곤 한다. 가령 부자들은 자신들이 주거지로 독점하던 도심이라는 공물에 빈자들이 접근하자 도심에서 이탈해 교외지역으로 철수했다. 범죄가 문제가 되면 공적 복지와 치안에 지출을 늘리기보다 사설경비업체가 관리하는 '빗장 공동체'로 철수했고,

장진범

공교육이 문제가 되면 공립학교에서 손을 떼고 사립학교로 철수했다. 또한 공공도서관에서 개인소장서재로, 공원에서 주말별장으로, 공공운동시설에서 사설운동장으로, 공공의료에서 민간의료로, 공적 연금에서 사적 연금으로, 공보험에서 사보험으로 철수했다.[20]

철수 전략으로 인한 공물의 축소와 쇠락은 이 글의 관심사, 곧 생존의 평등을 지향하는 민주화된 비상행동에도 치명적인 악영향을 미친다. 민주화된 비상행동에서 관건은 공중의 참여인데, 공물의 쇠락은 공중의 해체를 초래하기 때문이다. 하지만 더 직접적인 악영향도 있다. 재난에서 시민들의 안전을 보호하는 기반시설 자체가 대표적인 공물인바, 공물의 쇠락은 재난을 튼튼한 방파제 없이 맞이한다는 뜻이나 다름없기 때문이다. 사회적 강세자들은 대개 사유화된 방파제의 보호를 받으므로, 공물의 부재는 통상 재난피해의 불평등으로 이어진다. 하지만 어떤 재난은 사유화된 방파제가 무력하다는 것을 보여줌으로써 공물의 필요성을 만천하에 드러내기도 한다. 코로나19가 바로 그런 예 아닌가?

미국이 이번 코로나19 사태에서 겪은 놀라운 실패는 '철수적 개인주의'(opt-out individualism) 및 그것이 야기한 공물 해체의 파괴적 효과를 여실히 보여준다. 전 국민을 포괄하는 공공의료보험의 부재는, 감당할 수 없는 코로나19

진단검사 비용으로 이어져, 1차 방어선인 방역이 제대로 작동하지 못하게 만들었다. 그 피해가 가난한 사람들에게 더 가혹한 것은 사실이지만, 그들에게만 국한되지 않는다. 가령 코로나19는 백악관의 문턱 역시 넘었다. 감염병은 기본적으로 공중보건의 문제이고, 철수적 개인주의자들이 어쨌든 공중의 일원으로 살아가는 한, 개인적인 노력으로는 완벽하게 통제할 수 없다는 게 재차 분명해진 셈이다.

반면 한국이 방역에 비교적 성공했다면, 이는 코로나19 의사환자의 진단검사비와 치료비를 국민건강보험으로 지불할 수 있었기 때문이다.[21] 아무리 방역당국의 의지가 있었더라도, 관련 비용을 해결할 방도가 없었다면 공격적인 진단검사는 불가능했을 것이다. 국민건강보험이라는 공물이 결정적 역할을 한 것이다.

국민건강보험이 재정의 차원이라면, 공공의료 기반 역시 중요했다. 여기에서는 특히 '공중보건의사'(이하 공보의)에 초점을 맞추고자 한다.[22] 31번 확진자가 확인된 후 정부는 대구시의 의료인력 부족 문제를 해결하기 위해 공보의를 500명 가까이 긴급 투입했다. 이들 공보의는 초기 진단검사에서 핵심 역할을 수행했고, 특히 이동검진에 주력했다. 실제로 대구에서는 3월 23일 0시 기준 68,000여 건의 진단검사가 이뤄졌는데, 이 중 절반이 넘는 37,000여 건이 유증상자나 의심환자의 집 또는 병원을 직접 방문해 검체

　　　　　　　　　　　　　　　　장진범

를 채취한 이동검진이었다. 이번에 주목받은 '드라이브스루' 방식의 검진은 11,000여 건 수준이었다. 공보의로 상징되는 공적 인력이 없었다면 불가능한 일이었다.

이번 코로나19 사태를 계기로 등장한 '공적 마스크'도 공물의 사례로 들 수 있다. 공적 마스크의 등장은 비상사태 발생시 결정적 자원이 시장을 통해 제대로 공급되기 어렵다는 점을 상징적으로 보여준다. 공적 마스크는 주로 일선 약국을 통해 이른바 '마스크 5부제' 방식으로 배분되었는데, 이를 뒷받침한 것은 국민건강보험제도의 핵심 축인 건강보험심사평가원이 지난 2011년 구축한 요양기관업무포털 체계였다. 만일 이런 공적 체계를 통해 구매이력 관리를 할 수 없었다면 마스크 5부제는 불가능했을 것이다. 동시에 체계가 갖추어져 있다 하더라도, 결국 일선 약국의 약사들이 마스크 구매자 정보와 약국의 마스크 입고량, 판매량을 직접 입력하는 식으로 기여하지 않았다면 역시 마스크 5부제는 불가능했을 것이다.

이렇듯 코로나19 사태에서 공물이 결정적인 역할을 했으므로, 공물을 강화하는 흐름이 자연스레 이어질 것이라고 생각하기 쉽다. 하지만 코로나19 사태를 계기로 기존보다 더 극단적인 철수적 개인주의를 발전시키려는 흐름도 나타나고 있다.[23] 가령 뉴질랜드에 위치한 수백만 달러어치 벙커를 구입하는 미국 실리콘밸리 사업가들이 대표적이다.[24] [25] 애초 기후위기 등의 상황을 대비해 만들어진 이 벙커는 코로나19 사태를 계기로 새롭게 주목받고 있다. 이 벙커를 만드는 회사인 라이징에스(RisingS)는 홈페이지 (risingbunkers.com) 첫 화면에 코로나19 바이러스의 모형을 띄워놓는 등 현 상황을 이윤 창출의 기회로 삼고 있다. 대다수 민중들에게 이 같은 철수적 개인주의가 대안이 될 수 없다는 것은 자명하다. 그런 점에서 우리의 대안은 사유화 경향을 근본적으로 재고하고 공물을 확대하는 '재공공화'(republicization)일 수밖에 없다. 이때 전제는 사회적 강세자들의 철수 전략을 무력화시키는 것이다. 이를 위해서는 법적이고 정치적인 조치가 필요하지만, 공물의 가치를 '걸작품' 수준으로 유지하고 향상하고 수리하는 노력도 필요하다. 호니그는 뉴욕의 센트럴파크를 예로 들면서, 이처럼 공물이 걸작품으로 존속하면 아무도 거기에서 철수하고 싶어하지 않고 모두가 그 일부가 되고 싶어한다고 말한다. 영국의 유서 깊은 도시인 노리치(Norwich) 시의회가 10년 이상 준비해 만든 공공임대주택 '골드스미스 스트리트'가 2019년 영국왕립건축가협회가 주관하는 스털링상을 수상하여 그해 영국에 준공된 건축물 중 최고라는 인정을 받은 것은, 판정단이 이 공물에 부여한 칭호처럼 '겸손한 걸작'을 만드는 일이 오늘날에도 가능함을 보여준다.[26] 공중보건체계를 이런 겸손한 걸작으로 만드는 것, 그것이 코로나19

장진범

사태가 민주주의에 제기한 다급한 의제일 것이다. 원격의료와 바이오헬스 산업을 활성화하는 것이 아니라 말이다.

아포칼립스와 세계를 향한 마음씀/돌봄

미국의 인문학자 워런 몬탁(Warren Montag)은 코로나19가 세계 곳곳에서 일으킨 일련의 사태를 '아포칼립스'라고 부른다.[27] 이때 아포칼립스란 세계의 파멸이나 종말이라는 뜻이 아니라 그 본래의 뜻, 즉 이전까지 감추어졌던 것들이 갑작스럽고 예기치 않게, 막대한 후과를 동반하면서 드러난다(reveal, 啓示)는 뜻으로 이해해야 한다. 즉 코로나19는 이 사태 이전에도 늘 존재했지만 이런저런 이유로 '밀실에 은폐되어 있던'(closeted)[28] 우리 사회의 이면들을 더 이상 회피할 수 없도록 가시화하는 일종의 시약(試藥) 노릇을 한다. 20년 넘게 경북 청도 대남병원에 입원해 있다가 코로나19 사망으로 비로소 세상에 알려진 한국의 코로나19 첫 사망자, 사회적 거리두기가 무엇을 조건으로 작동하는지 여실히 보여준 각종 콜센터와 택배 물류센터의 집단감염, 15배에 달하는 사망률 격차로 드러난 빈부격차.[29] 아울러 세대주 지급 방식을 취한 정부 차원의 긴급재난지원금이 가시화한 가족 내부의 갈등, '자가격리'할 자가가 없고 그래서 재난지원금에서도 배제되는 홈리스들, 우리 안의 각종 혐오, '메디시티 대구'의 실상. 마지막으로 우리의 일상이 중단되면서 비로소 드러난 맑은 하늘과 도심 곳곳에 출몰하는 동물들, 그러니까 우리의 일상이 지금까지 몰아내고 불가능하게 만든 것들. 이 모두는 코로나19가 새롭게 만들어낸 것이 아니라, 코로나19를 통해 비로소 보이게 된 것들이다.

이런 아포칼립스는 우리의 일상을 불편하고 섬뜩하게 만드는 얼마간 외상적인 것이기 때문에, 이를 신속하게 은폐하고 망각하려는 시도가 곧장 이어지곤 한다.[30] 코로나19가 드러낸 수많은 문제들을 다시 '밀실'로 돌려보내려는 시도에 맞서는 것이 현재로서는 모든 비판적 지식의 가장 중요한 임무일 것이다. 혹자는 이런 지적 노력이 희망을 말하는 것이 아니라 절망을 말하는 것이고, 따라서 사람들을 수동화시킬 수밖에 없다고 말한다. 하지만 정치이론가 한나 아렌트(Hannah Arendt)는 정반대라고 말한다. 세계가 균열을 드러낼 때, 세계가 우리의 마음씀(care)을 일으키고 우리에게 돌봄(care)을 청할 때, 비로소 시민과 시민적 행위가 등장하게 된다고 말이다.[31] 세계를 향한 마음씀/돌봄(care for the world), 이것이야말로 가장 탁월한 시민적 정서이자 시민적 덕목인 셈이다.

실제로 코로나19 사태에서 이 정서와 덕목에 힘입어 출현한 시민들이 있다. 이탈리아의 만화가 밀로 마나라(Milo Manara)에 따르면 그들은 바로 '돌보미 시민'(citizen as carer)이다.[32] 그들은 간호사이고 의사일 뿐만 아니라, 개인적 위험을 무릅쓰고 사적 공간에서 나와 공적 공간을 지킨 사람들, 곧 슈퍼마켓의 계산원 노동자이고, 거리와 화장실을 깨끗하게 유지한 청소 노동자이며, 경찰 공무원이고, 트럭을 모는 운송 노동자이다. 흥미롭게도 그는 이 모든 인물을 여성으로 그렸는데, 이는 이들이 수행하는 핵심 활동이 통상 여성적인 것으로 간주되던 돌봄, 또는 재생산 노동이기 때문일 것이다. 생산 노동이 이런저런 이유로 중심에 설 때 노동자들이 남성으로 환유된 것처럼, 오늘날 최전선에 있는 이들이 돌봄과 재생산을 담당하는 노동자들인 한에서, 여성은 그들을 대표하는 성별로 나선다.

비상사태 이전의 세계에서 이들은 본인들의 가치와 기여를 제대로 인정받지 못했다. 비상사태를 맞이하여 많은 이들은 그들이 세상을 유지하는 데 얼마나 중요한 역할을 하는지 새삼 깨달았다. 하지만 적지 않은 사람들은 그들의 기여를 애써 무시한 채, '언택트 문명'을 말하고 '4차 산업혁명' 가속화를 부르짖는다. 그러나 언택트 문명이 가능하려면 자신의 몸으로써 현장을 지키는 '컨택터'들이 있어야 한다. 택배 노동자들이 있어야 하고, 배달 노동자들이 있어야 한다. 언택트된 것처럼 보이는 사람들을 연결시키는 '설비'를 유지하고 보수하는 '메인테이너'들이 있어야 한다.[33] 화상강의와 회의의 상태를 점검하고 문제가 발생했을 때 개입하는 조교들이 있어야 한다. 우리는 세계를 돌보는 이들에게 정당한 몫소리를 주고 있는가? 언택트 문명을 말하고 4차 산업혁명을 말하기 전에 우리가 먼저 해야 하는 일은 이러한 인정이 아닐까?

어떤 이들은 이들 돌보미 시민을 영웅으로 칭송한다. 하지만 그들을 영웅으로 칭송하는 것은 자칫 지금처럼 열악한 조건에서도 영혼을 갈아 넣기를 그들에게 은근히 종용하는 것이 될 수 있다. 그보다는 그들이 초인이 아니라는 것, 그러니까 그들이 자신의 활동을 지속하기 위해서는 각종 장비와 조건이 필요하고, 그들 역시 연약한(따라서 돌봄을 필요로 하는) 존재라는 것을 인정하는 것에서 출발해야 하지 않을까? 지금까지 그들이 우리를 돌봤다면 이제는 우리가 그들을 돌볼 차례다. 우리가 그들을 돌보지 않는다면 다음 번 비상사태에 그들은 없을지 모르고, 그러면 이번에 다른 곳이 그랬던 것처럼 우리 사회는 훨씬 더 크게 무너져 내릴 것이기 때문이다.[34]

장진범

1   마이크 데이비스, 『조류독감: 전염병의 사회적 생산』, 정병선 옮김, 돌베개, 2008.

2   앞의 책, 15쪽.

3   Mike Davis, "The Monster Enters," *New Left Review* 122, 2020.

4   투퀴디데스, 『펠로폰네소스 전쟁사』, 천병희 옮김, 도서출판 숲, 2011, 제2권 47~54장, 176~182쪽.

5   나오미 클라인, 『쇼크 독트린: 자본주의 재앙의 도래』, 김소희 옮김, 살림Biz, 2008. 각국의 강세자들은 이번 코로나19 사태 역시 적극 활용하고 있다. 가령 미국에서는 지난 5월 13일, 7년 6개월 실형을 선고받고 복역 중이던 트럼프 대통령의 측근이 형기를 절반도 채우지 않은 상태에서 코로나19 감염 우려를 이유로 석방되는 극히 이례적인 일이 벌어졌다. 중국에서는 5월 28일, 전국인민대표대회(전인대)가 '홍콩국가보안법'을 압도적 표차로 통과시켰다. 한국에서는 5월 29일 새벽, 국방부와 주한미군이 사드(THAAD, 고고도미사일방어체계) 미사일 장비를 기습적으로 반입했다. 코로나19 사태가 아니었다면 하나같이 불가능했거나 훨씬 강한 저항에 직면했을 사안들이다.

6   Elaine Scarry, *Thinking in an Emergency*, W. W. Norton & Company, Inc, 2011, 102쪽.

7   그 밖에도 사전에 확립되고 훈련으로 습관화된 제약에 따를 때 긴급행동의 효과가 극대화되는 예는 많다. 270명 가까운 사상자가 발생한 2013년 보스턴 마라톤 폭탄 테러 당시, 현장에서 사망한 3명을 제외하고 병원에 이송된 부상자 264명이 (그중 17명은 사지 일부를 절단하는 중상을 입었음에도) 전원 생존할 수 있었던 것은, 구급요원들이 기성의 응급계획에 따라 지역

의 27개 병원으로 부상자들을 고루 분산했기 때문이다. 만일 이런 응급계획이 사전에 확립되어 있지 않았거나, 이를 구급요원들이 훈련으로 습관화하지 않았다면, 눈앞의 참혹한 광경에 당황한 나머지 부상자들을 거리가 가까운 병원으로만 이송하여 소수 병원에 부상자가 집중되는 상황이 벌어졌을 수도 있다. 그랬다면 결과는 훨씬 비극적이었을지 모른다. (Bonnie Honig, "Three Models of Emergency Politics," *boundary* 2 41:2, 2014, p. 51.)

8   이 꼭지에서 이하 큰따옴표 부분은 모두 중앙방역대책본부 정례브리핑 및 정례브리핑 속기록에서 인용한 것이다. 괄호 속의 날짜는 정례브리핑이 발표된 해당 월일이다.

9   이 기사는 수많은 비판에 직면한 끝에 현재와 같이 제목이 바뀌었다. 「[단독]이태원 유명 클럽에 코로나19 확진자 다녀갔다」, 『국민일보』, 2020. 5. 7.

10   특히 문제가 되는 것이 동선 공개 관련 조치일 것이다. 이에 관한 자세한 논의는 이 책에 실린 유현미의 글을 참고하라.

11   Scarry, 앞의 책, 16~17쪽.

12   「아우팅 막는다더니…일부 지자체, 확진자 특정 가능한 '동선 공개'」, 『경향신문』, 2020. 5. 21.

13   실제로 매년 140만 명에게 심폐소생술을 훈련시키는 일본의 경우, 병원 밖에서 심장마비를 일으킨 사람의 생존율이 오사카에서는 12%로, 미국의 뉴욕, 시카고, 로스앤젤레스의 1%에 비해 월등히 높고, 스웨덴의 스톡홀름, 예테보리, 말뫼의 5%에 비해서도 2배 넘게 높다. Scarry, 앞의 책, 30~31쪽.

14   앞의 책, 53쪽.

15   의학적 비상사태뿐만 아니라 다른 비상사태에서도 소수가 주도하는 권위주의적이고 중앙집중적인 비상행동보다는 민주적이고 분권적인 비상행동이 효과적인 경우가 많다. 가령 홍수나 태풍, 지진 등 자연재해는 흔히 해당 지역의 고립으로 이어지기 때문에 중앙 차원의 지원을 기대하기 어려울 수 있다. 비상사태가 지역의 고립을 동반하지 않아 지역 바깥의 자원을 원활히 동원할 수 있는 경우라 하더라도, 아무래도 중앙의 지원은 다소 시간이 소요될 수밖에 없다. 운이 좋아 중앙의 지원이 매우 신속하게 이루어질 때조차, 가장 결정적인 자원은 인근에서 조달해야 하는 경우가 많다. 화재가 대표적인데, 수십 대의 소방차를 전국에서 신속하게 동원한다 하더라도, 결국 가

장 중요한 물은 인근에서 조달해야 한다. 산처럼 험한 지형에서 화재가 발생했다면, 해당 지형을 잘 파악하고 있는 훈련된 인력(한국의 경우 산림청 소속 산불재난특수진화대원) 없이 효과적인 비상행동이 이루어지기 어렵다. (「삼천리 화려강산 불꽃 피지 않도록」, 『성대신문』, 2020. 6. 1.) 각종 재해 발생시 대피와 수용, 돌봄 같은 비상행동도 중앙집중 방식보다는 지역부조 방식으로 준비·실행할 때 훨씬 신속하고 효과적일 수 있다. 요컨대 비상행동은 최대한 가까운 곳에 준비된 인력과 자원이 가용할 때 효과가 극대화될 수 있다.

16 한 보고서에 따르면, OECD 35개국 중 법정 유급병가와 상병급여가 모두 없는 국가는 한국과 미국뿐인데, 그나마 미국은 무급병가를 법제화하고 있다는 점에서 한국은 OECD 국가 중 병가에 대한 법적 보장이 없는 유일무이한 국가다. (이재훈, 「외국의 유급병가, 상병수당 현황과 한국의 도입방향」, 민주노총 부설 민주노동연구원, 2020.)

17 Bonnie Honig, "In the Streets a Serenade," *Politics/Letters Live*, Mar. 14, 2020.

18 Bonnie Honig, *Public Things: Democracy in Disrepair*, Fordham University Press, 2017.

19 이른바 '공적 마스크'를 둘러싸고 같은 양상이 나타났다. 이에 관해서는 이 책에 실린 김재형의 글을 참고하라.

20 Bonnie Honig, "The Politics of Public Things: Neoliberalism and the Routine of Privatization," 2013, 65~67쪽.

21 「'코로나19' 감염되면 병원비는 얼마나 들까?」, 『시사인』 661호, 2020.

22 「세계가 놀란 '코로나 대량진단'…원동력은 공중보건의 이동검진」, 『한국경제』, 2020. 3. 24.

23 Bonnie Honig, "No Collision," *Boston Review*, Dec. 10, 2018.

24 Olivia Carville, "The Super Rich of Silicon Valley Have a Doomsday Escape Plan," *Bloomberg*, Sep. 5, 2018.

25 Olivia Carville, "'We Needed to Go': Rich Americans Activate Pandemic Escape Plans," *Bloomberg*, Apr. 20. 2020.

26 Feargus O'Sullivan, "A 'Modest Masterpiece' of Public Housing Wins

Top Design Prize," *CITYLAB*, Oct. 9, 2019.

27   Warren Montag, "The COVID-19 Conjuncture," *Left Voice*, May 16, 2020.

28   Clare Hemmings, "Revisiting Virality(After Eve Sedgwick)," *Feminist Review*, May 26, 2020.

29   「뉴욕 코로나19 사망률, 가난한 지역이 최대 15배 높았다」, 『프레시안』, 2020. 5. 20.

30   대통령 직속 4차산업혁명위원회 윤성로 위원장의 다음과 같은 발언은 이런 태도를 투명하게 보여준다. 그가 집중 과제로 제시한 것이 원격의료라는 점도 의미심장하다. "사실 사회적으로는 반신반의해요. 사람은 망각의 동물이잖아요. (…) 일상의 많은 것들은 기존 생활로 돌아가겠지만 그럼에도 불구하고 코로나 사태 때 경험했던 것 중에서는 '이것 좋네, 계속해볼까' 하는 것들이 있겠죠." (「미국 의료 영리화와 달라… 원격의료, 진정성 봐달라」, 『이데일리』, 2020. 5. 10.)

31   관련해서 호니그는 유대인의 오랜 농담을 언급한다. 똑똑하고 건강해 보이는 아동이, 여섯 살이 될 때까지 말을 하지 않았다. 걱정이 된 가족들이 아이를 의사와 전문가에게 데려갔지만, 문제점을 찾을 수 없었다. 어느 날 저녁 식사 자리에서 엄마가 수프를 내놓았는데, 아이가 한 숟갈을 떠먹더니 "아야! 수프가 너무 뜨겁잖아!"라고 말했다. 어안이 벙벙해진 엄마가 아이에게 물었다. "너 말할 수 있니?" "당연하죠"라고 아이가 대답했다. "그런데 왜 지금까지 한마디도 하지 않았어?"라고 묻는 엄마에게 아이는 대답했다. "지금까지는 모든 게 좋았으니까요." (Honig, *Public Things*, 119쪽.)

32   Stefano Pitrelli, "Italian Artist Pays Homage to Pandemic's Heroic Women," *The Washington Post*, Apr. 9. 2020.

33   전치형, 『사람의 자리: 과학의 마음에 닿다』, 이음, 2019.

34   나아가 이번 사태를 기존의 일상, 특히 반생태적 일상('노멀')을 근본적으로 반성하는 계기로 삼자는 제안도 있다. 이에 관해서는 이 책에 실린 추지현의 글을 참고하라.

10 모더니티

바이러스의 문화적 기원과   김정환
한국의 모더니티

우리가 두렵고 낯선 괴물처럼 여기는 이들에게 세상은 어떤
곳이었는가? 어떤 끔찍한 세계를 경험했기에 보이지 않게 잠복해
있다가 바이러스와 함께 우리에게 나타났는가? 그 세계는 누가
만들었는가? 두렵고 낯선 모습을 하고 나타난 그들을 우리는
어떻게 대하였는가? 우리는 어떻게 서로에게 괴물이 됨으로써
계속 괴물을 만들어내고 있는가?

〈기생충〉과 바이러스

전세계 영화제에서 수상하며 선풍을 일으켰던 영화 〈기생충〉의 봉준호 감독은 2020년 2월 16일 귀국 인터뷰에서 "코로나 바이러스를 훌륭하게 극복하고 있는 국민들께 박수를 쳐드리고 싶다"며 인사를 전했다. 그리고 며칠 뒤인 2월 20일, 영화의 배우와 제작진은 청와대에서의 화기애애한 오찬을 끝으로 모든 일정을 마무리하였다. 하지만 바이러스는 쉽게 극복되지 않았고, 오찬이 있던 바로 그날 코로나19로 인한 첫 사망자가 발생함과 더불어 확진자의 수는 세 자리를 넘어섰다. 온 나라를 떠들썩하게 만들었던 〈기생충〉은 바이러스에 밀려서 금세 자취를 감추었다.

처음에 바이러스는 풍문 같은 것이었다. '우한 폐렴'이라 불리던 질병의 국내 첫 확진자(중국인)가 등장한 무렵, 중국의 실태라면서 박쥐탕이나 갓 태어난 새끼 쥐(三吱儿)를 먹는 장면, 호저나 고양이 같은 동물들이 우리에 갇혀 있는 모습이 공유되었다. 평소 같았으면 수많은 '대륙' 시리즈의 하나로 여겨질 수도 있었을 이들 영상은 텅 비어 있는 인구 천만 도시 우한의 거리, 병원에 밀려들어 아우성치는 사람들, 울부짖는 의료진, 수십 대의 중장비가 동원되어 임시병원을 짓는 현장 등 심상치 않은 장면이 함께 전해지면서 사람들의 일상적인 감각에 균열을 냈다. 설 연휴기간 중에 국내 두 번째(한국인), 세 번째 확진자가 발생했고, 이들의 이동경로와 접촉자 수가 보도되면서 그저 바다 건너 옆나라의 사정으로만 치부할 수 없는 불안한 예감 같은 것이 퍼졌으며, 사람들은 하나둘 마스크를 쓰기 시작했다. 우한 교민을 수송하기 위한 전세기가 떴고 이들을 수용하게 된 진천과 아산에서는 주민들이 트랙터로 길을 막고 바닥에 누워 항의했다. 이후 대규모 집단감염이 발생하고, 그 배경에 신천지라는 신흥종교가 있다는 사실이 드러나면서 사태는 걷잡을 수 없이 전개되어 모든 이의 삶이 이 소용돌이에 휘말리지 않을 수 없었다.[1]

풍문이 예감으로, 예감이 소용돌이로 덮쳐오는 일련의 과정을 거치면서 우리는 바이러스적인(viral) 것이 어떤 것인지 비로소 체험할 수 있었다. 기생충이 내 안의 깊숙한 곳에 침투해 있는 생명체인 반면, 바이러스는 내 안에 있는 것도 아니고 없는 것도 아니며 생물도 무생물도 아닌 중간적 존재이다. 그것은 감염 이전에 이미 감염에 대한 가능성으로, 불안으로, 예감으로 미리 도래해 있으며, 감염 후에도 증상 없이 잠복해 있다가 치유되기도 한다. 또한 바이러스는 기생충과 달리 숙주를 착취하지 않고 변형시킨다. 우한의 거리에서 사람들이 갑자기 쓰러지는 영상을 보았을 때 이미 우리는 바이러스를 예감하고 공포에 감염되었으며, 마스크를 쓰고 사람들과 거리를 둔 채 몸을 움츠리면서 이전과 다른 감각으로 살아가는 다른 존재가 되었다. 바이러스라는 이 기이한 존재에 대해 그 정체가 '이것이냐, 저것이냐' 묻는 질문은 부조리하며, 그것을 퇴치하기 위해 '무엇을 할 것인가' 하는 물음은 답이 묘연하다.[2] 바이러스에 대한 불안한 예감과 달라진 공기 속에서 살아가는 우리에게는 '사느냐, 죽느냐' 하는 오래된 질문이 새로운 방식으로 제기될 뿐이다. 과연 우리는 감염되어 다른 존재가 되지 않고서, 소용돌이에 휘말리지 않고서 이전과 같이 살아갈 수 있을 것인가? 그런데, 계속 이전처럼 살아도 괜찮은 걸까? "이대로냐, 아니냐(to be or not to be)" 그것이 문제다.[3]

두렵고 낯선 세계

이러한 질문이 무색할 정도로 코로나19 이전과 이후는 이미 완전히 다른 세계처럼 느껴졌다. 말 그대로 획기적인 국면을 통과해가면서 이 세계는 우리가 만들고 살아왔던 익숙한 공간이 아니라, 내 집 같지 않은(unheimlich) 두렵고 낯선 곳이 되었다.[4] 모두가 잠재적인 감염원으로 여겨지면서 누구도 이 세상에 온전히 받아들여지지 않고 불안, 긴장,

경계, 소외가 일상적인 "세계감"(世界感)[5]이 되었다.

　뉴스를 볼 때마다 확진자가 늘어나고 예기치 못한 집단감염이 발생했으며, '폐쇄', '격리' 같은 단어가 오르내렸다. 사망자의 시신은 환자복 또는 마지막 순간의 옷을 입은 채로 밀봉되어 입관한 뒤 화장되며, 감염의 우려 때문에 장례 역시 생략되거나 간소화되었다. 하루에도 몇 번씩 지금이 '재난' 상황임을 상기시키는 문자 메시지가 도착했고, 구청 홈페이지에 게시된 확진자의 동선에는 익숙한 지명과 상호가 등장했다. 146개 국가에서 한국 전역에 대한 입국금지 조치를 시행하였고, 한국 외교부는 모든 국가·지역으로의 해외여행에 대해 특별여행주의보를 발령했다.[6] WHO는 팬데믹을 선언했으며, 한국의 상황이 다소 진정된 이후에도 미국과 유럽 등 세계 곳곳에서는 확진자가 폭증하며 수많은 사람이 목숨을 잃었다. 지구의 종말 내지는 파국을 그리는 영화에서나 볼 법한 풍경들이 매일 전해졌으며 우리 모두가 그 속에서 살아가고 있었다.

　일상생활도 전면적인 변화를 겪었다. 마스크가 생필품이자 예절이 되어서 마스크 없이는 출입할 수 없는 곳들이 많아졌고, 마스크를 쓰지 않거나 기침을 한 사람들은 시비에 휘말렸다. 세상의 변화나 남들의 시선에 좀처럼 아랑곳하지 않던 사람들조차도 마스크를 거부하기는 어려웠다. 식당에서는 사람들이 대각선이나 일렬횡대로 앉아서 밥을

　　　　　　　　　　　　　　　　　　　　김정환

먹었으며, 식탁에 플라스틱 칸막이가 설치되기도 했다. 엘리베이터 버튼을 누르기가 꺼려졌으며 화장실이나 건물 출입문을 발로 밀어서 여는 사람이 늘어났다. 만나서 악수를 하고 물건을 들어주거나 다른 사람의 휴대폰으로 사진을 찍어주는 등 익숙한 사회생활의 방식(manner)이 더 이상 매너가 아니게 되었으며, 출퇴근, 회의, 쇼핑 등 모든 평범한 일상은 위험한 것이 되었다.

안타까운 사건들도 있었다. 청도 대남병원 정신병동에서 일하던 간병인은 자신이 돌보던 환자가 코로나19에 감염된 사실도 모른 채 간병을 하다가 확진 판정을 받고 상태가 악화되어 나흘 만에 숨졌다. 그는 70대 후반의 고령이었고 당뇨와 고혈압까지 있었지만 경산에서 청도까지 와서 시급 4,200원의 일을 했다. 또한 집에 머무는 사람이 늘어나 택배 물류가 급증하던 와중에 배송 노동자가 새벽 근무 중에 사망하는 일도 있었다. 그는 자신의 담당 배송지인 빌라의 4층과 5층 사이에서 쓰러진 채 발견되었다. 사실 우리는 모두 간병이나 배송과 같이 적절한 보상과 보호가 이루어지지 않는 노동에 우리의 일상과 생애를 의존하고 있으며, 그로부터 누리는 혜택에 일말의 죄책감과 불안함 같은 것을 느낀 적이 있다. 이들의 사례와 같이 "불행한 일이나 사망 소식 같은 것이" 우리의 "생각을 잠시 전에 스쳐 지나가지 않은 채 일어나는 경우란 거의 없"다. 우리는 모두

"'예감'을 하고 있고 그 예감은 '대부분의 경우' 실현"되는데, 이런 예감이 "사실로 입증되는 어떤 일이 '일어나자'마자 우리는 두려운 낯설음의 감정을 갖게" 된다.[7] 불안과 염려를 서둘러 억압하고 별일 없을 것이라는 희망으로 평온을 유지해왔던 세계가 이제 냉정한 얼굴로 돌아보며 '과연 이 비극에 너의 책임은 없느냐'고 추궁하는 듯하다.

또한 많은 사람들은 신천지라는 그들만의 세상이 있다는 것도 이번에 새롭게 알게 되었다. 신천지 교인들은 추수꾼, 복음방 같이 자신들만의 언어를 갖고서 정체를 숨긴 채 접근하여 포교를 하는가 하면 같은 아파트 단지에 모여 살기도 했다는 사실이 밝혀졌다. 이들의 교리, 의례, 전도방법, 규모, 분포, 피해사례 등 며칠 사이에 언론을 통해서 쏟아져나온 정보들은 말 그대로 신세계였다. 한편, 이들 신천지 교인의 총회장이자 이른바 '만왕의 왕'은 사태가 심각해지자 기자회견을 자처했는데, 그는 불리한 답변을 계속하여 배석한 비서의 한숨을 자아냈는가 하면, 영생한다고 생각하느냐는 기자의 질문이 나오자 호통을 치고 '평화의 궁전'으로 들어갔다. 경기도지사는 이 '약속의 목자'로부터 검체를 채취하기 위해 친히 대규모의 인력과 취재진을 동반한 채 '사자 조심' 팻말이 붙은 궁전에 찾아갔고, 그 사이에 이 '재림예수의 영이 임한 자'는 과천보건소 선별진료소에서 드라이브스루 방식으로 검사를 받았다. 분명히 우리

김정환

가 사는 세계에서 벌어진 일들이었지만 우리가 알던 친숙한 세계의 모습은 아니었다.

와자지껄하게 캠퍼스 곳곳을 몰려다니는 새내기들의 모습이나 윤중로 벚꽃길의 연인들, 심지어 미세먼지에 대한 걱정마저도 이제는 말 그대로 "어제의 세계"[8]에 속하는 것이 되었다. 대신에 우리가 마주하게 된 것은 화장실에서 강박적으로 손을 박박 문질러 씻고 있는 사람의 모습이나 외지의 관광객이 몰리지 않도록 제주도의 유채꽃밭을 갈아 엎었다는 소식이다. 얼마나 더 이어질지 알 수 없고 언제 다시 시작될지 모를 이 기괴한 풍경이 우리가 살아가도록 던져진 세계의 모습인가? 내 아이는 앞으로도 마스크를 쓰고 살아가야 하는가? 연인들은 계속 얼굴을 가리고 데이트를 해야 하는가? 이것이 우리가 경험하며 살아야 할 21세기 현대의 모습인가?

현대성의 경험

그러나 우리에게 낯설고 두려우며 불안하고 걱정스러운 느낌을 주는 세계가 도래한 것은 이번이 처음이 아니다. 오히려 불안, 소외, 경악, 충격, 놀라움, 공포 등은 현대인이 공유하는 일반적인 세계감에 가깝다. 특히 한국의 현대는 코로나19 이전에도 그로테스크한 사건과 초현실적인 장면들로 가득했다. 고립된 도시와 공수부대의 학살, 수많은 의문사들, 주검 탈취, 스스로 불사른 채 추락하는 몸들, 끊어진 다리, 무너진 백화점, 지존파와 신창원 같은 이름들, 파산과 실직, Y2K와 세기말의 분위기, 불야성을 이루는 유흥가의 화려하고도 우울한 조명들, 화재로 아비규환이 된 지하철, 시커먼 기름 범벅이 된 해안, 불타는 국보 1호, 자살당한 사람, 간첩이 된 사람, 끈적한 낙동강의 녹조, 삶을 포기하는 아이들과 노인들, 공유되는 배설 장면과 알몸의 움직임들, 도심 한복판에 세워진 망루와 솟아오르는 화염, 산 채로 묻히는 동물들의 울부짖음과 검붉은 침출수, 바위에서 뛰어내린 전직 대통령, 경찰특공대에 쫓겨 달려가는 노동자들, 기울어가는 배, 아이들의 목소리, 자맥질하는 잠수사들, 혼이 비정상, 물대포에 맞아 쓰러진 농민, 구원파, 영세교, 잊을 만하면 발사되는 미사일, 허벅지에 손을 올리는 교수들, 미세먼지로 뿌연 하늘….

이 밖에도 세계를 살아가는 우리의 평온한 감각은 일상의 사건과 장면에 의해 끊임없이 흔들린다. 차에 치인 고양이의 사체, 위압적인 고층 빌딩들, 갑작스럽게 감지되는 부모님의 정치성향, 아이돌에 혹은 트로트에 열광하는 사람들의 표정, SNS에 넘쳐나는 말과 이미지와 정념들…. 이것들은 다 무엇인가? 세상에 이런 일도 있는가? 도대체 나는 어떤 세계에 살고 있는가? 기본적으로 현대 세계는 낯설고 생소한 곳이지, 우리에게 호의적이고 친숙한 곳이 아니

258   김정환

다. 이처럼 모더니티의 기본 속성이 익숙한 "세계상"[9]을 끊임없이 파괴해버리는 "파상(破像)의 체험"[10]에 있다면, 한국은 현대성의 후발주자나 아류가 아니라 오히려 모더니티의 극단 내지는 최전선에 서 있다고 해야 할 것이다.

물론 현대성을 경험한다는 것은 돌발하는 사건들을 수동적으로 겪는다거나 그 충격에 그대로 노출된다는 것만을 의미하지 않는다. 매일 벌어지는 크고 작은 새로운 일들은 우리가 사는 세계를 낯설고 두려운 곳으로 느끼게 하지만, 사람들은 무기력하게 체념하거나 그저 넋을 잃은 채 멍하니 있지는 않는다. 갑작스럽게 마주하게 된 이 내 집 같지 않은 낯선 세계가 어떤 곳인지 탐색하고, 위험을 제거하고, 의미를 부여하면서, 다시 살아갈 만한 곳으로, 자신의 터전이자 보금자리로 일구어낸다. 우리는 "현대화의 객체일 뿐만 아니라 주체"[11]이기도 한 것이다.

사람들은 벤야민이 묘사한 역사의 천사가 그러하듯, 세찬 폭풍처럼 전개되는 "일련의 사건들" 속에서도 이 세계에 "머물고 싶어하고 죽은 자들을 불러일으키고 또 산산이 부서진 것을 모아서 다시 결합하고 싶어한다."[12] 몰아치는 사건들에 의해 뒤로 밀려가면서도 격렬히 몸부림을 치다 보면 어떤 흔적과 무늬(文)가 생겨나는데, 우리는 그것을 문화(文化)라고 부른다. 결국 폭풍을 막거나 견뎌내지는 못할지라도 재빨리 뒤돌아 도망가거나 눈을 감아버리는 대신에 폭풍을 마주하고서 어떻게든 해보려 발버둥 쳤던 흔적 덕분에 인간은 목숨만 부지하는 존재가 아니라 삶을 사는 존재로서 가치를 획득한다. 근대 사회과학이 전제하는 인간은 이처럼 '행위'를 하는 존재, 의미를 부여하고 만들어내는 존재, 즉 '문화인간'(Kulturmenschen)이다.[13]

사라지지 않는 것들

이처럼 생존을 위협하는 절체절명의 위기에도 불구하고 그 속에서 무언가를 새롭게 도모하고 이루어내는 능력은 신비로운 '인간의 조건'(아렌트)임에 틀림없다. 그러나 우리가 폭풍 속에서 잔해들을 모아 쌓아올린 구조물은 예기치 못한 내적 모순으로 인해 무너지거나 새로운 폭풍에 무너져서 우리를 덮치기도 한다. 20세기 후반 이래 인류는 빛나는 성취가 위험이 되어 자신에게 돌아오는 재귀적 현대성(reflexive modernity)을 다양한 방식(이를테면 원전사고, 미세플라스틱 등)으로 체험하고 있다.[14] 그리고 우리는 이 낯설고 불안한 위험 속에서, 성취를 위해 망각했던 나의 행적, 억압해두었던 과거의 내 모습을 발견한다. 억압된 것은 기어이 돌아오고야 만다.[15]

이러한 관점에서 보면 문화는 경이로운 것일 뿐만 아니라 우리를 경악시키기도 하는 양가적인 현상이다. 월드컵, 촛불, BTS, 봉준호는 현대 한국의 온갖 끔찍한 사건들과 충격적인 장면에도 불구하고 이를 토양으로 하여 등장한 것이지만, 한때 우리를 경악하게 했던 그 사건들은 광장의 벅찬 함성과 한류의 파급효과에도 불구하고 지워지거나 가려지지 않는다. 시간이 지나 사라지고 잊힌 것 같지만 그것들은 트라우마로, 예술작품으로, 원한으로, 모방으로, 악몽으로, 몸의 반응으로, 돌발하는 환영으로, 냄새로 불현듯 나타난다. 이것들은 극복된 것이 아니며 역사에 완전한 과거 같은 것은 없다.

가령 이런 것이다. 우리의 1980년대는 부풀었던 서울의 봄이 광주의 학살로 막을 내리며 시작되었다. 그럼에도 불구하고 사람들은 수동적으로 굳어 있는 것이 아니라 "세계 속에서 세계에 대해 응답하고 판단하고 행위"[16]하는 주체로서 살아가고자 했다. 수많은 투쟁과 운동이 있었고, 항쟁의 승리를 통해 직선제를 쟁취하였으며, 올림픽을 보면서 감격을 느끼기도 했다. 이후 30년 동안 몇 차례 커다란 부침이 있었지만 축적된 성과가 컸다. 하지만 이처럼 감격스런 공식적 서사의 "결을 거슬러 역사를 솔질"[17]해보면 정치적 진보를 향한 장엄한 투쟁이나 국가적 영광을 위한 희생으로 포괄될 수 없는 이야기들이 무수히 존재한다. 이를테면, 학살당한 사람들의 영혼은 어디를 떠돌며 무엇을 보았는가?[18] 민주화에 헌신했던 투사들의 가족은 어떤 삶을 살았는가?[19] 고문, 회유, 전향, 배신, 분노, 환멸과 죄책감 등을 보고 겪으며 몸과 마음의 상처를 입은 사람은 없었는가?[20] 훗날 386이라는 역사의 주체로 불리지 않았던 수많은 이들은 그때 어디에서 무엇과 어떻게 싸우고 있었는가?[21] 당시 집과 가게가 철거된 사람들은 과연 살아남았는가? 이들은 어디로 갔고 지금은 어디에 있는가?[22]

코로나19 대규모 집단감염을 유발한 것으로 지목되었던 신천지가 창설된 것은 바로 이 무렵인 1984년이었다. 그런데 신천지뿐만 아니라 일군의 신흥종교들이 비슷한 시기에 연달아 생겨났다. 조희성의 영생교(세계연합승리재단)가 1981년, 이재록의 만민중앙교회가 1982년에 창립되었고, 김기순의 아가동산 역시 1982년에 만들어졌다. 이요한의 생명의말씀선교회(대한예수교침례회)는 1983년, 박순자의 오대양이 1984년에 설립되었으며, 박명호의 한농복구회(엘리야복음선교원)도 1984년, 윤홍선의 마리아의 구원방주는 1985년에 시작되었다.[23] 이처럼 새롭게 생겨난 종교로 이끌려 들어간 이들은 시민사회의 진지한 공적 관심의 바깥에 있었으며 역사적으로도 주목된 바가 별로 없다. 이따금 시사교양 프로그램이나 뉴스 보도를 통해 이들 종교에서 벌어진 폭력 및 살인, 집단자살, 휴거 소동, 각종 기행과 폐쇄적 집단생활 등이 폭로될 때에야 비로소 우리는 경악을 금치 못하며 강력히 처벌하라거나 대책을 마련하라는 호들갑을 떨다가 다시 익숙한 시민사회의 울타리 안으로

김정환

복귀하기를 반복해왔다. 한국의 현대는 한편에서는 민주적 헌정체제와 시민사회를 성장시켜온 동시에 다른 한편에서는 바로 이 체제를 위협하고 경악시키는 낯설고 두려운 타자를 마치 쌍생아처럼 길러왔다.[24] 양립할 수 없어 보이는 이 둘을 함께 잉태시킨 우리의 문화란, 한국의 현대란 과연 어떤 것인가? 우리는 우리 자신의 모습을, 한국의 현대에 대해 과연 잘 알고 있는가?[25]

이번 코로나19 국면에서 밝혀진 바에 따르면 신천지 교인의 수가 20~30만을 헤아린다고 한다. 그간 정체를 숨기며 살아온 이들은 모두 나름의 절박한 사정과 이유로 어딘가 의지할 곳을 찾고 있었을 것이다.[26] 이들은 병에 걸려도 정상적으로 치료를 받기는커녕 병을 옮기는 전파자로 지목을 받으면서 더욱 숨어들었으며, 코로나19가 진정된 이후에도 이번에 형성된 강력한 낙인에서 자유로워지지 못할 것이다. 다시 모여서 더 깊게 숨어들거나 다른 곳으로 흩어져간 이들은 과연 미래의 어느 시점에 어떤 예측할 수 없는 모습으로 다시 우리에게 돌아올 것인가? 우리가 두렵고 낯선 괴물처럼 여기는 이들에게 세상은 어떤 곳이었는가? 어떤 끔찍한 세계를 경험했기에 보이지 않게 잠복해 있다가 바이러스와 함께 우리에게 나타났는가? 그 세계는 누가 만들었는가? 두렵고 낯선 모습을 하고 나타난 그들을 우리는 어떻게 대하였는가? 우리는 어떻게 서로에게 괴물이 됨으로써 계속 괴물을 만들어내고 있는가?

위기를 기회로 삼지 않기

2020년 4월 21일 현재, 코로나19는 전세계적으로 231만 명 이상의 확진자와 15만 명 이상의 사망자를 발생시켰다. 한 주 정도가 지난 4월 29일에 이 글을 수정하며 확인한 수치는 299만과 20만으로 늘어났다.[27] 독자들이 이 글을 읽을 때쯤에는 이 숫자가 어떻게 달라져 있을까? 발생 초기 가장 심각한 피해국이었던 한국은 4월 15일에 예정되었던 국회의원 총선거를 정상적으로 실시하였고 신규 확진자 수가 안정되면서 방역에 성공한 나라로 부각되고 있다. 해외 각국에서는 한국의 성공요인을 분석하고 방역자문을 구하며 진단키트와 마스크 원조를 받으려 애쓰고 있으며, 언론에서는 'K-방역', 'K-의료' 같은 신조어를 내걸고 이러한 움직임을 대대적으로 보도하고 있다. 공식적으로 신중한 태도를 취하고 있기는 하지만 정부와 여당에서는 총선과 함께 코로나19와의 전쟁에서 승리했다는 판단에 자신감에 부풀어 있는 듯하다. 각계 엘리트들도 나서서 한국의 경험을 수출하여 선진국으로 도약하자거나, 확진자 추적, 온라인 개학 등에서 가동되었던 각종 정보통신 인프라를 교통, 의료, 치안, 노동 등 전 분야에 더욱 적극적으로 도입하여 4차 산업혁명을 선도해야 한다고 역설하는 중이다.

김정환

이처럼 새로운 승리 서사가 작성되고 있기는 하지만 코로나19는 한국에서도 분명 재난이었다. 1만 명 이상의 확진자가 발생하였고 그중에서 240명 이상이 사망했으며,[28] 이들의 가족 역시 경제적·신체적·심리적 피해를 함께 겪었다. 각종 모임과 행사가 취소되면서 다양한 업종이 타격을 받았고 실직과 파산 등으로 경제적 곤경에 처한 사람이 상당할 것이다. 각종 시설이 폐쇄되고 서비스가 중단됨에 따라 노인, 장애인, 노숙인 등의 취약층이 직간접적으로 영향을 받았을 것이며 생존에 위협을 받은 사람들도 적지 않을 것이다. 개원과 개학이 미뤄지면서 각 가정에서는 아이를 돌보기 위해 일을 그만두거나 양가 부모에게 아쉬운 소리를 하고 날마다 일정을 조율하는 등 전쟁이 벌어졌는데, 이로 인한 경제적 손실과 갈등은 적극적인 관심의 대상이 되지 못하고 있다. 우리가 자랑스럽게 여겼던 성숙한 시민의식이란 제때 마스크를 구입할 수 있고, 두세 달 사업 운영을 중지해도 견딜 수 있으며, 여기저기 이동하지 않아도 생활할 수 있거나, 넘쳐나는 풍문 속에서 사실과 거짓을 신속히 가려낼 수 있는 능력과 구별되지 않는 경우가 많았다. 그런데 이처럼 시민성이 능력화됨에 따라 못 배우고 못 가진 자, 나이 들고 아픈 사람들이 실질적인 비난의 대상이 되기도 했다. 온라인 원격수업은 교·강사와 조교들의 추가노동 부담 및 학교와 가정의 여건 미비 등에 대한 우려에도 불구하고 과감하게 추진되었는데, 각자의 침대나 책상, 커피값을 지불한 카페 등 사적인 공간에 흩어진 채 접속한 학생들에게 공적인 공간에 나서서 다른 사람들과 몸을 부대끼는 감각은 어떻게 가르칠까 하는 고민은 거론조차 어렵다.[29]

위기를 기회로 삼아서 기민하게 무언가를 도모하고 있는 이들에게는 이러한 희생과 피해들이 어쩌면 아둔한 사람들의 자잘한 불평에 불과한 것으로 보일지도 모른다. 하지만 저 약하고 미련하고 답답한 존재들을 당장은 무시하고 넘어간다 하더라도 이들이 미래 어떤 시점에 어떤 모습으로 나타나 더 큰 경악을 가져올지 모를 일이다. 지하로부터 전해지는 모스 부호를 해석해내지 못한 주인집에 어떤 비극이 벌어지는지, 발밑에서 벌어지는 아귀다툼을 보지 못하고 파티를 여는 외설적인 장면[30]이 어떤 결말의 전조였는지 우리는 영화 〈기생충〉에서 이미 생생하게 목격한 바 있다. 적어도 현명한 엘리트들이라면 이럴 때야말로 보이지 않는 이들에게 다가가고 들리지 않는 이들에게 귀 기울일 것이다. "자넨 학자니 말을 걸어보게."[31] 우리 집 급한 불은 껐으니 불타는 이웃집들 앞에서 보란 듯이 유세도 하고 훈수도 두며 소화기도 팔아보자는 약삭빠른 계산을 하면서 지하실에서 울리는 화재경보를 듣지 못한다면 그야말로 우둔한 존재가 아닐까? 지금 우리에겐 찬물을 끼얹을 필요가 있다. "오로지 자신의 얄팍한 안위만을 염두에 두는 구성원

김정환

들이 모인 인간 사회는 동물적 우둔함을 보여주면서 그나마 우둔한 동물만큼도 상황 파악을 하지 못한 채 모든 위험에, 그것도 바로 눈앞의 위험 속에 빠져드는 맹목적 대중이 된다."[32]

어디 가서 꿀리지 않는 주인(host) 행세를 하면서 살아보겠다는 욕구야말로 사실은 우리에게 덮쳐올 낯설고 경악스런 미래를 배양하는 숙주(host)이다. 우리를 위협하는 괴물과 기생충의 숙주는 바로 우리였음을 모르는 이들, 바이러스는 우리의 문화적 토양에서 배양(culture)된 것임을 모르는 이들, 우리를 휘말리게 하는 소용돌이와 평지풍파를 일으키는 것이 바로 우리 자신임을 모르는 이들, 영화를 보고 박수를 쳤지만 무얼 봤는지 모르는 "끝까지 둔해빠진 새끼들"[33]은 과연 누구인가? 만약 코로나19가 위기가 아니라 기회가 될 수 있다면 바로 이런 우둔함에서 벗어날 수 있는 계기라는 점에서만 그러할 것이다. 이 계기는 국가의 위상을 드높이는 것이 아니라 우리가 딛고 있는 문화적 조건과 일상을 건강하게 돌봄으로써 가능해진다. 그리고 돌봄은 앞이 아니라 뒤를, 위가 아니라 옆과 아래를 돌아봄으로써 시작된다.

주

1   예감과 휘말림에 대한 적극적인 사고의 예로 다음을 참고하라. 도미야마 이
     치로, 『폭력의 예감』, 손지연·김우자·송석원 옮김, 그린비, 2009; 도미야마
     이치로, 「휘말린다는 것」, 『휘말림의 정치학』, 그린비, 2012.

2   코로나19는 특이적인 항바이러스제가 없어서 수액보충이나 해열제 처방
     등을 통한 대증적 치료만이 존재할 뿐이며, 예방할 수 있는 백신도 존재하지
     않는다. 질병관리본부 홈페이지 "코로나바이러스감염증-19(COVID-19)
     정보" 참고.

3   윌리엄 셰익스피어, 『햄릿』, 설준규 옮김, 창비, 2016, 90쪽.

4   프로이트의 'Das Unheimlich'는 영어로는 'The Uncanny', 한국어로는
     '두려운 낯설음'이라고 주로 번역된다. 하지만 마크 피셔가 적절히 지적하
     고 있듯 이를 영역할 때 의미상 가장 적절한 단어는 'unhomely'일 것이다.
     (마크 피셔, 『기이한 것과 으스스한 것』, 안현주 옮김, 구픽, 2019, 8~9쪽.)

5   김홍중, 「멜랑콜리와 모더니티: 문화적 모더니티의 세계감(世界感) 분석」,
     『한국사회학』 40(3), 2006; 미하일 바흐진, 『프랑수아 라블레의 작품과 중
     세 및 르네상스의 민중문화』, 이덕형·최건영 옮김, 아카넷, 2001, 33, 35,
     37, 391, 425, 428쪽.

6   한국에 대한 입국금지조치는 2020년 4월 7일 17시 현황(외교부 재외국민
     안전과)이며, 특별여행주의보는 2020년 3월 23일부로 발령되었다.

7   지그문트 프로이트, 「두려운 낯설음」, 『예술, 문학, 정신분석』, 정장진 옮김,
     열린책들, 2003, 432, 444쪽.

8 . 슈테판 츠바이크, 『어제의 세계』, 곽복록 옮김, 지식공작소, 2014.

9   막스 베버, 「세계종교와 경제윤리-서론」, 『막스 베버 종교사회학 선집』, 전
     성우 옮김, 나남, 2008, 152~156, 167, 181쪽; 미하일 바흐진, 앞의 책,

210, 293, 304, 407쪽.

10 김홍중, 『사회학적 파상력』, 문학동네, 2016, 14쪽.

11 Marshall Berman, *All That Is Solid Melts Into Air: The Experience of Modernity*, Verso, p. 16.

12 발터 벤야민, 「역사의 개념에 대하여」, 『역사의 개념에 대하여/폭력비판을 위하여/초현실주의 외』, 최성만 옮김, 길, 2008, 339쪽.

13 막스 베버, 「사회과학적 그리고 사회정책적 인식의 '객관성'」, 『막스 베버 사회과학방법론 선집』, 전성우 옮김, 나남, 2011, 76쪽.

14 Ulrich Beck, *Risk Society: Towards a New Modernity*, Sage, 1992.

15 지그문트 프로이트, 「인간 모세와 유일신교」, 『종교의 기원』, 이윤기 옮김, 열린책들, 2003. 각종 영화와 드라마에서 좀비떼가 몰려오는 장면은 부지불식간에 이러한 사태를 재현하고 있는 것은 아닐까.

16 Berman, 앞의 책, p. 27.

17 발터 벤야민, 「역사의 개념에 대하여」, 『역사의 개념에 대하여/폭력비판을 위하여/초현실주의 외』, 최성만 옮김, 길, 2008, 336쪽.

18 한강, 『소년이 온다』, 창비, 2014.

19 장혜령, 『진주』, 문학동네, 2019.

20 〈SBS 스페셜〉(555, 556, 575, 576회)에 소개된 요한·씨돌·용현 씨의 생애를 보라.

21 가령, 송효순, 석정남, 장남수 등이 발표한 1980년대의 '여공문학' 작품들을 보라.

22 김동원 감독의 다큐멘터리 영화 〈상계동 올림픽〉(1988)과 다음 책들을 보라. 조은·조옥라, 『도시빈민의 삶과 공간』, 서울대학교출판부, 1992; 조은, 『사당동 더하기 25』, 또하나의문화, 2012.

23 다양한 신흥종교에 대한 전반적인 소개로는 다음을 참고하라. 탁지일, 『사료 한국의 신흥종교: 탁명환의 기독교계 신흥종교운동 연구』, 현대종교사, 2009; 현대종교 편집국, 『한국의 신흥종교: 자칭 한국의 재림주들』, 현대종교사, 2002.

24 가장 최근의 극단적인 사례로는 세월호 참사와 국정농단을 떠올려보라.

25 『나는 신천지에서 20대, 5년을 보냈다』(밥북, 2020)의 저자 중 한 명인 김

동규 씨는 2020년 2월 23일, 신천지가 NL 세력으로부터 조직적 영향을 받았다는 내용의 글을 자신의 페이스북에 게시했다. 이 글의 말미에 그는 "광주의 오월로 인해 가슴에 뚫린 구멍을 메울 수 없었던 사람들이 NL과 신천지로 나누어지게 되었다"는 전남대 김상봉 교수의 언급을 옮겼다 (www.facebook.com/permalink.php?story_fbid=2496177497262179&id=100006098590304). 이러한 견해는 물론 학문적으로 검증된 바가 없고 앞으로도 입증되기가 쉽지 않을 것이다. 다만, NL과 신천지를 모두 발생시킨, 그리고 그 밖에 수없이 다양하고 모순적인 형식과 내용으로 등장하는 현대성의 복합적인 면모를 인식하기 위해서는 "사실의 더미를 모으는 데 급급"하기보다는 오히려 "구성의 원칙에 근거를" 두어야 할 것이다. (발터 벤야민, 「역사의 개념에 대하여」, 『역사의 개념에 대하여/폭력비판을 위하여/초현실주의 외』, 최성만 옮김, 길, 2008, 348쪽.)

26 중도에 탈퇴한 이들까지 고려한다면 아마도 그 수는 20~30만을 훨씬 웃돌 것이다. 이 가운데 청년세대, 그중에서도 여성의 비중이 크다는 사실에 주목할 필요가 있다. 이들은 어떤 문제에 직면해 있었으며, 어떤 답을 찾고자 했던가? 또한 비슷한 시기에 텔레그램 메신저를 통해 성착취물을 제작 및 유포한 일명 'n번방' 사건이 크게 이슈가 되었다. 이 메신저의 대화방 참여자를 단순 취합한 수 역시 공교롭게도 약 26만 명이었으며, 대부분은 남성 청(소)년들이었다고 알려졌다. 신천지와 n번방은 전혀 무관한 현상일까? "무관해 보이는 것들이 실제로는 이 세계 안에서 연결되어" 함께 존재하지 않는가? (김정환, 「사회학의 소설적 전통」, 『사회와이론』 34집, 2019, 42쪽) 무관해 보이는 사태를 동시에 만들어낸 현대 한국의 문화를 어떻게 해석할 것인가? 현대 한국에서 남성과 여성들은 어떤 세계를 따로 또 같이 살아가며 만들어내고 있는가? (신천지도 아니고 n번방도 아닌) 나와 이 글을 읽는 독자의 세계는 이 두 세계와 어떻게 연결되어 있는가?

27 covid19.who.int

28 질병관리본부가 발표한 코로나바이러스감염증-19 국내 발생현황(2020년 4월 29일 0시 기준).

29 작가이자 글쓰기 교사인 이슬아는 한 칼럼에서 다음과 같은 고민을 제기했다. "온라인으로 신뢰와 용기를 쌓는 더 좋은 방법들은 무엇일까. 한편 디지

털 리터러시(digital literacy) 말고 피지컬 리터러시(physical literacy)는 어떻게 기를 수 있을까." (이슬아, 「코로나 시대의 글쓰기 교사」, 『경향신문』, 2020. 04. 20.)

30 수많은 희생자들에 대한 애도를 표하기는커녕 의기양양 승리를 구가하는 행태야말로 '죽음의 굿판'(김지하)이 아니겠는가.

31 윌리엄 셰익스피어, 앞의 책, 12쪽.

32 발터 벤야민, 「일방통행로」, 『일방통행로/사유이미지』, 최성만·김영옥·윤미애 옮김, 길, 2007, 85쪽.

33 영화 〈괴물〉(The Host)의 세 번째 장면, 한 남성이 한강 다리에 매달려 있다. 동료들이 그를 붙잡기 위해 달려온다. 담담하지만 긴장된 순간, 발밑의 강물에서 커다랗고 시커먼 무언가를 발견하고, 동료들에게 그것을 보았느냐고 묻는다. "뭐가 있다는 거야?" 사내는 체념한 듯 마지막 말을 남기고 뛰어든다. "끝까지 둔해빠진 새끼들. 잘 살아들." 영민한 자들의 무지와 맹목을 냉소하는 이 대사를 실마리로 삼아 이루어진 앞선 논의들로는 다음을 보라. 허문영, 「끝까지 둔해빠진 새끼들은 누구인가?」, 『씨네21』 566호, 2006; 정성훈, 『괴물과 함께 살기』, 미지북스, 2015.